한국 기업문화의 비밀

한국 기업문화의 비밀

초판 1쇄 인쇄 2012년 07월 03일
초판 1쇄 발행 2012년 07월 10일

지은이 | 김진수
펴낸이 | 손형국
펴낸곳 | (주)에세이퍼블리싱
출판등록 | 2004. 12. 1(제2011-77호)
주소 | 153-786 서울시 금천구 가산동 371-28 우림라이온스밸리 C동 101호
홈페이지 | www.book.co.kr
전화번호 | (02)2026-5777
팩스 | (02)2026-5747

ISBN 978-89-6023-924-1 03320

한국 기업문화의
비밀

김진수 지음

ESSAY

[모험과 도전은 필수다!]

제가 존경하는 대니얼 카너먼은 프린스턴 대 명예교수입니다. 이분은 심리학자인데 전공과 달리 노벨 경제학상(2002)을 받았습니다. 이분이 주장한 것은 "당신의 상식은 틀렸다."라는 것입니다. 우리는 "상식이 통하는 세상을 만들자."고 떠들고 있는데, 왜 상식이 틀렸다고 주장하는 걸까요?

상식은 '합리적'이라는 개념을 바탕으로 성립합니다. 대니얼 카너먼은 인간이 만든 '합리성' 또는 '합리적'이라는 개념은 비현실적인 개념이라는 것을 증명했습니다. "인간은 합리적 선택을 하는 존재다."라는 것은 현대 경제학의 토대입니다. 그런데요, 과연 인간은 합리적 선택을 하는 존재일까요? "인간은 이성적 노력으로 최대한 똑똑한 결정을 내린다."라는 것은 자본주의가 깔고 있는 대전제입니다. 그런데요, 인간은 이성적 노력으로 최대한 똑똑한 결정을 내리는 존재일까요? 이렇게 의문을 제시하면서 그가 주장한 것은 우리가 알고 있는 '경제학의 토대'와 '자본주의의 대전제'가 거짓이라는 것입니다. 그는 말합니다. "이성이 판단을 지배하기는커녕 인간은 '비합리성'에 입각한 '비합리적' 판단을 하고 상식 밖의 결정을 하고 있는 존재다."라고 말입니다.

그는 또 "인간은 고정관념에 기초한 편향성의 사고와 남을 따라가는 두루뭉실한 사고를 가지고 있기 때문에 합리적일 수 없다."고 강조합니다. 그리고 "인간은 논리적 존재가 아니라 감정적 존재이기 때문에, 자신이 보는 대로 결정하고 남들이 하는 대로 따라 결정하는 존재"라고 말합니다. 즉 합리적 이성이 아니라, 감정의 영향으로 위험을 회피하기 위해 비합리적 의사결정을 한다는 것입니다. 이러한 '비합리적 의사결정' 때문에 세계 경제에는 '버블', 즉 '거품' 현상이 끊임없이 발생하고 있다는 것이죠. 예를 들면 부동산 버블, IT버블, 주식 거품, 서브 프라임 모기지 사태 같은 신용 거품 등을 우리는 경험해 왔습니다. 이러한 경험은 인류의 경제적 발전사와 더불어 인간이 지속적으로 같이 해온 것이며, 지금 현재에도 계속되고 있습니다.

사람의 자아에는 기억자아(Remembering Self)와 경험자아(Experiencing Self)가 있다고 합니다. 문제는 사람이 의사결정을 할 때 대부분 기억자아에만 의존한다는 것입니다. 기억자아와 경험자아의 두 가지를 다양한 각도에서 분석해서 종합적인 사고를 가지

고 판단하지 않는다는 것입니다. 사람의 기억자아는 주관적인 자신
감의 영향을 받습니다. 현재 '내가 보고 있는 것이 세상의 전부'라
는 함정에 빠질 수 있는 것이 주관적인 자신감입니다.

청년들이 졸업 후 취직하려는 기업조직, 정부조직, 단체조직 등은
사실 단순히 상품을 만들거나 서비스를 만드는 조직이 아니라, 수
많은 의사결정을 생산하는 공장(decision making factory)입니다.
제조업을 하는 기업조직은 수많은 상품을 만들 때 부품과 완제품
의 품질관리를 잘하려고 노력합니다. 품질관리를 위해 많은 비용을
투자합니다. 민간 서비스 업종과 서비스를 만들어 제공하는 공공기
관도 마찬가지입니다. 서비스 내용을 업그레이드 하기 위해 서비스
품질관리에 만전을 기하고자 노력합니다. 여기에 투자되는 비용도
만만치 않습니다. 정부조직은 그것이 행정 서비스를 하는 조직이든,
입법 서비스를 하는 조직이든, 사법 서비스를 하는 조직이든지 간
에, 서비스의 품질을 향상시키기 위해 노력합니다. 서비스의 품질관
리를 위하여 엄청난 국민의 혈세를 쓰고 있습니다.

여기에 우리가 간과하고 있는 부분이 있습니다. 무엇일까요? 모든
조직은 의사결정을 생산하는 공장인데, 의사결정 자체의 품질관리
는 누가 하고 있습니까? 지금 우리나라의 조직에 의사결정에 대한
품질관리를 하는 조직이 있습니까?

6

여기에 A라는 기업이 있습니다. 이 기업이 실패하는 데는 편향적인 CEO의 의사결정이 원인이 될 수 있습니다. CEO들은 대부분 자신을 망망대해에서 태풍을 헤쳐 나가는 선박의 선장이라고 생각합니다. "나를 따라라." "나한테 맡겨라." "내가 문제를 해결해 주겠다."라는 고정관념을 가지고 있습니다. 그러면서 그러한 고정관념이 '도박'(gambling)이라고는 생각하지 않습니다.

우리는 의사결정을 도박에 맡기는 경영을 해서는 안 될 것입니다. 우리는 의사결정을 돌아보는 품질관리 시스템을 만들어야 합니다. 우리는 조직의 기억자아에만 의존할 것이 아니라, 조직의 경험자아를 포함한 전체적 분석을 토대로 되돌아봐야 합니다. 우리는 의사결정의 품질관리를 때 맞추어 하고 있는지 아닌지 주의 깊게 살펴야 합니다.

요즈음 우리나라에서는 젊은 사람들도 대부분 주식시장에 관여하고 있습니다. 부동산 재테크 열풍이 꺼지자 금융 재테크 열풍이 불어서 주식, 채권, 펀드를 모르는 사람이 없게 되었습니다. 여러분들도 주식거래 많이 하고 계시겠죠?

주식의 기본은 단 한 가지입니다. '주가에는 적정 가격이 존재하지 않는다.'라는 사실입니다. 이유는 간단합니다. 보통 주식 '매수자'는 주식이 더 오를 가능성이 크다고 여기고 매수합니다. 하지만 주식

'매도자'는 같은 주식을 두고 주가가 너무 높아 곧 하락할 가능성이 크다고 보고 매도합니다. 다른 상품과 달리 적정 가격이 존재하지 않는 주식시장을 우리는 가장 조심해야 합니다. 적정 가격이 없기 때문에 주식시장은 재산을 몽땅 날릴 수도 있는 가장 대표적인 '비합리적' 시장입니다. 주식의 시장 수익률에만 초점을 맞추는 거래는 '합리적'일 수 없습니다. 주식의 매수자와 매도자는 내가 왜 이 주식을 사야 하는지, 내가 왜 이 주식을 팔아야 하는지, 끊임없는 의사결정의 품질관리가 요구됩니다.

한 가지 질문을 던져 볼까요?

"내가 동전을 던지겠다. 만약 동전의 앞면이 나오면 10,000원을 내가 받고, 동전의 뒷면이 나오면 20,000원을 네가 받는다."라고 한다면, 이 제안을 여러분은 받아들이겠습니까? 대부분의 사람들은 받아들이지 않습니다. 왜 그럴까요? 만원을 잃어버릴지도 모른다는 두려움이 이만 원을 얻을 수 있다는 기대감보다 더 강한 탓입니다. 자, 이제 결론을 내리기로 합시다. 사람은 누구나 '위험 회피'의 속성을 가지고 있습니다. 이런 '위험 회피'의 속성 때문에 선택의 기로에서 주먹구구식 판단을 내리는 게 사람입니다. 사람은 '합리적' 판단을 내리지 못하는 존재입니다. 사람은 '비합리적' 판단을 내리는 존재입니다.

그렇다면, 새로운 일에 대한 모험과 도전은 어떻습니까? CEO의 특권이라는 모험과 도전이 여러분을 기다리고 있습니다. 하지만 모험과 도전이 CEO만의 전매 특허품이 될 수는 없겠지요? 책임 있는 조직원은 누구나 CEO 와 같은 생각을 할 수 있어야 합니다. 그러한 조직을 만들기 위해 우리는 조직 문화를 개혁할 필요가 있습니다.

'조직 문화' 바꾸는 게 진짜 '개혁'입니다.
영혼이 육체를 지배하듯, 기업의 흥망성쇠는 '조직 문화'가 좌우합니다.

'창조적 조직 문화'를 창조하기 위하여 김진수 '선비 리더십 아카데미' 회장의 편지 묶음을 보내 드립니다. 이 편지는 2006년부터 2011년까지 국내 유수 기업의 CEO에게 e메일로 보낸 내용을 간추려 책으로 묶은 것입니다. 일상의 경영 활동에 참고해 주시면 감사하겠습니다. 내내 여유로움과 풍요로움이 함께하시길 기원합니다.

2012년 7월 1일
선비 리더십 아카데미 올림

목차

CEO와 프로골퍼

골프와 경영은 참으로 닮은 점이 많습니다. 따라서 최고 경영자와 프로골퍼는 유사점이 많은 것 같습니다. 미국의 잭 웰치는 GE 최고 경영자 시절 '호주의 백상어' 그레그 노먼과 골프 대결을 벌여 승리를 거둔 적이 있습니다. 방심하다 허를 찔린 노먼은 재 시합을 요구했으나 웰치는 응하지 않았습니다. 세계 정상급 프로골퍼를 눌렀다는 쾌감을 영원히 간직하기 위해서였습니다.

비즈니스의 승패에도 재 승부는 이루어지지 않습니다. 계약을 하면 그 계약이 끝날 때까지 지켜야 합니다. 잘못한 계약이라도 수정 요구에 응해 주지 않습니다. 웰치는 "CEO가 되지 않았으면 프로골퍼가 됐을 것"이라고 말할 정도로 골프 광입니다. 비즈니스의 세계가 냉혹하듯 프로골퍼의 세계도 냉혹합니다. 프로골퍼는 캐디의 도움을 받지만, 마지막 결정은 자신이 합니다. CEO도 임원들의 의견을 듣지만 최종 결정은 스스로 내려야 합니다. 결과가 좋지 않다고 해서 프로골퍼가 캐디를 탓할 수 없듯이, 결정이 잘못되었다고 해서 아랫사람 탓으로 돌릴 수 없는 것이 최고 경영자입니다.

프로골퍼에게 도전정신은 빼놓을 수 없는 필수 자질입니다. 도전 정신은 CEO에게도 마찬가지입니다. 그러나 탄탄한 기본기를 갖추지 않은 도전은 무모에 가깝습니다. CEO도 프로골퍼도 기본기에 충실해야 합니다.

CEO와 프로골퍼의 상이점은 무엇일까요?

프로골퍼는 취미로 CEO를 할 수 없지만, CEO는 취미로 골프를 할 수 있습니다. 아마추어골퍼가 되는 것이죠. CEO라면 취미가 아니더라도 골프는 할 줄 알아야 한다고 생각합니다. 골프는 어쩌면 CEO를 위한 마인드스포츠임에 틀림없다고 필자는 믿고 있습니다.

최고 경영자 여러분! 골프를 즐깁시다. 누가 "골프를 왜 치느냐?"라고 묻는다면, 귀하의 대답은 무엇일까요? 생각과 입장에 따라서 여러 가지 대답이 나올 수 있겠지만, 대개 다음과 같은 말 중의 하나가 될 것입니다. 다음의 대답 중에서 귀하의 대답은 어느 것이 될까요? 자, 질문합니다.

"귀하께서는 골프를 왜 치십니까?"

(귀하의 예상 대답)

- 재미가 있으니까.

- 나이가 들어도 즐길 수 있는 운동이니까.

- 꽃, 나무, 숲, 호수, 모래 구덩이를 마음껏 감상할 수 있으니까.

- '굿 샷' , '나이스' , '뷰티풀' , '원더풀' 을 외치며 긍정적 칭찬을 할 수 있으니까.

- 골프 치는 동안은 몸과 마음이 저절로 깨끗해지니까.

- 18 홀 라운드를 해 보면 동반자가 어떤 사람인지 알 수 있으니까.

- 골프에는 동반자와 진솔한 대화가 있고 화끈한 웃음이 있으니까.

- 골프는 인간관계를 강화시켜 주는 매력이 있으니까.

- 골프는 공이 어디로 튈지 알 수 없으니까.

- 골프는 자연 속에서 풀 밟고 잔디 밟으며 걸어 다닐 수 있으니까.

- 골프는 인간 평가 게임이니까.

- 골프에는 진실성이 있고, 오락성이 있고, 우연성이 있고, 의외성이 있으니까.

- 골프는 두뇌와 근육을 함께 쾌적하게 융합시켜 주는 운동이니까.

- 골프는 삶의 이치를 깨닫게 해주니까.

- 골프는 행복감과 절망감을 함께 맛보도록 해주니까.

- 골프는 100% 자신의 책임이니까.

- 골프는 노력과 절제와 선택과 운의 집합체이니까.

- 골프는 인간의 운명과 닮았으니까.

- 골프는 만사를 잊게 해주니까.

- 골프는 자연에 순응하고 적응하며 자연을 활용하고 이용하는 운 동이니까.

- 골프는 양심이 최고의 심판관이며 하나뿐인 기준이니까.

- 골프는 인간관계의 장벽을 쉽게 제거해 주니까.

- 골프는 나이불문, 학력불문, 직업불문, 지역불문, 남녀불문하고 한 팀으로 칠 수 있으니까.

- 골프는 세상의 여러 가지 닫힌 문을 열어 주는 매력이 있으니까.

- 골프는 언제나 '동행' 한다는 느낌을 주니까.

- 골프는 상대와 적이 없고 '동반자' 가 있을 뿐이니까.

- 골프는 끝없이 도전할 수 있으니까.

- 골프는 집중을 안 하면 금방 무너지니까.

- 골프에는 온갖 경영기법이 다 들어 있으니까.

(규칙을 지켜야 하는 것은 '준법 경영'이고, 동반자를 속이면 안 되는 것은 '투명 경영'이며, 변화에 따라 치밀한 전략을 새로 짜야 하는 것은 '창조 경영'이고, 스윙 개선을 위해 꾸준히 노력하는 것은 '혁신 경영'이며, 자연을 있는 그대로 활용하는 것은 '친환경 경영'이고, 골프에 열정을 다하는 것은 '집중 경영'이니까.)

- 골프는 자만심, 거만함, 무모함, 산만함, 방만함, 분노, 증오, 시기, 질투 등에는 여지없이 벌을 내리고, 평상심, 신중함, 지혜로움, 집중, 열정, 배려, 섬김, 감사, 겸손 등에는 반드시 상을 주니까.

- 마지막 이유는 '거기에 골프장이 있으니까.'

회의와 웃음

신나는 아침회의란 어떤 것일까요?

회사의 일 중에서 제일 중요하지만, 제일 비효율적으로 되기 쉬운 것이 회의입니다. 회의가 없으면 좋겠다고 늘 생각하면서 회사를 다닌 사원이 승진하여 리더가 되면 될수록 회의 소집을 많이 하는 상사로 변질됩니다. 마치 시어머니 욕을 하면서 살림살이를 한 며느리가 자신이 시어머니가 된 뒤로는 며느리에게 더 심한 시어머니 역할을 하는 여자로 변해 버리듯이 말입니다. 뻔한 보고를 하고 그에 따른 질책이 이어지고, 결국은 팀장, 본부장, 사장의 훈시로 끝나는 회의는 비효율의 극치입니다. 이것이야말로 시간 낭비, 돈 낭비, 에너지 낭비를 가져올 뿐만 아니라, 직원들의 일에 대한 의욕과 사기를 저하시키는 부작용을 낳는 것이 아닐까요?

회의는 참으로 많습니다. 팀 회의, 부서회의, 영업회의, 생산회의, 품질회의, 기술회의, 설계회의, 대책회의, 전략회의, 주간회의, 월말회의, 분기회의, 연말회의, 전체회의, 특별회의, 긴급회의 등 갖은 이름을 붙인 회의가 정말 많습니다. 어떤 때는 회의만 하다가 하루가 다 가기도 합니다. 아침에 하고 저녁에 하고, 월 수 금으로 회의 하고…. 이렇게 회의를 하다 보면 정작 본 업무는 언제 해야 합니까? 회의 하다가 시간 다 보내고 야근을 하는 직원들이 많습니다. 회의를 위한 회의의 악순환을 반복하고 있는 회사가 의외로 많습니다. 이런 악순환의 회의에 시달리고 지칠 대로 지쳐 있는 직원들이 의외로 많습니다.

그렇다고 이렇게 능률 없는 회의시간을 아예 없애 버린 회사가 잘되느냐 하면 전혀 그렇지도 않습니다. 모두들 조용히 일하고 있는 것 같기도 하고, 조용히 놀고 있는 것 같기도 하고, 업무파악을 할 수 없습니다. 온라인 보고 시스템을 갖추고 있는데도, 올라오는 보고는 없고 새로운 아이디어를 들고 달려오는 직원도 없습니다. 답답한 상사는 긴급회의를 소집하고, 관련 구성원들이 우르르 들어오고 우르르 나가는 현상의 반복이 있을 따름입니다.

그뿐인가요? 회의를 하고도 문제점은 그대로 남아 있습니다. 아무 대책도 수립되지 않고, 우왕좌왕 의견만 내놓고, 결국은 핑계를 찾아내는 데 시간소비 다하고 헛돌아가는 회의가 될 뿐입니다. 회의에서 문제해결은 되지 않고, 그저 문제점을 들추어 내고 비판하고 추궁하고 공개 '처형장'이 돼버리는 회의도 있을 것입니다.

회의는 공개 '처형장'이 아니라, 공개 '토론장'이 될 때 유효합니다. 회의는 즐거운 공개 '토론장'이 되면 더 유효합니다. 회의는 교감과 공감을 가져오고, 공동의 목표를 확인할 때 더더욱 유효합니다. 그러기 위해서는 회의에 대한 기존 인식을 바꿔야 합니다. 회의는 무조건 진지하고 심각해야 한다는 고정관념을 확 바꿔야 합니다.

리더는 회의시간을 즐겁게 해야 할 의무와 권리가 있습니다. 회의시간이 즐거운 시간이 되면, 회의의 결과는 물어 볼 필요 없이 문제해결의 소득을 가져옵니다. 리더는 어떻게 하면 재미있는 회의를 할 수 있을까를 항상 연구해야 합니다. 회의를 시작할 때 사소한 잡담부터 시작하는 것도 한 방법입니다. 회의의 구성원들이 신이 나서 신변 얘기를 끄집어 내놓고 얘기하도록 하는 것입니다. 직원들이 회의에서 주눅들지 않게 하는 것입니다. 찻잔이 있고 맛있는 과자 몇 개가 있다면 금상첨화죠. 커피를 셀프(self)로 가지고 와서 마시도록 하는 것도 한 방법입니다. 다들 즐겁게 차 마시며 담소를 나눌 수 있다면 절반은 성공한 것입니다. 매일 아침마다 회의를 해도 상관 없습니다. 직원들은 익숙해지면 다들 즐겁고 맛 있는 아침회의를 생각하며 발걸음 가볍게 출근하게 됩니다.

처음 10여 분 동안은 격의 없는 사담을 나누게 합니다. 엊저녁에 무얼 먹었고, 누구랑 술을 마셨고, 어디가 아팠고, 학교 다니는 애들 이야기, 배우자 이야기 등도 무관합니다. 긴장을 풀고 '브레인스토밍'을 할 수 있는 전 단계로 아주 좋은 분위기를 만들어 줍니다. 문제점이 저절로 등장하고, 문제점에 대한 의견도 순조롭게 개진되고, 어떻게 해결해야 할지, 그 대책에 대해 스스럼없이 아이디어들이 쏟아져 나옵니다.

직원들이 서로가 서로를 잘 아는 사이가 되면 마음을 헤아리고 진심으로 이해하게 됩니다. 그러므로 직급이나 직위를 딱딱하게 의식하지 않고 터놓고 얘기를 나누는 '만남과 대화의 시간'을 가지는 것입니다. 틀에 박힌 업무회의가 아니라, 동료들에게 자신의 문제를 털어놓는 자유로운 대화의 시간이 되는 것입니다. 이러한 방법은 직원들이 회의를 즐길 수 있는 방법이 되기도 합니다. 서로 마음을 열면 창의적인 아이디어도 잘 떠오르고, 다른 동료의 아이디어를 경청하는 귀를 갖게 됩니다. 누가 낸 아이디어든 그게 좋다는 생각이 들면 금방 고치고, 또 그 다음의 아이디어로 연결시키는 효과도 나타납니다. 제일 좋은 것은 서로 의견교환이 자유로워지니까 문제점을 드러내고 그 해결책을 보완하는 속도가 빨라진다는 것입니다.

회의는 문제나 실수를 캐내서 비판하고 질책하고 책임을 추궁하기 위한 모임이 아닙니다. 회의는 이미 파악된 문제점들을 어떻게 창의적으로, 새로운 방법으로 해결할 것인지를 모색하는 공동대화의 장이 되어야 할 것입니다. 그러므로 모든 회의는 새로운 방법을 창조해 내는 새로운 아이디어의 회의가 되어야 하는 것입니다.

그러나 중요한 것은, 회의를 할 때마다 매번 기발하고 독창적인 아이디어가 나오기를 기대하지는 말아야 한다는 점입니다. 그보다 는 다른 사람들의 고초와 고충에 귀 기울이고, 자기 생각을 토로하 는 소통과 대화의 기회로 활용함으로써, 직원들의 자유로운 발상이 도출되기를 기대해야 합니다. 심각한 주제를 토론할 때도 주저 없 이 이야기를 꺼내고 진지하게 자기 의견을 내놓고 열심히 토론하는 습관을 길러내야 합니다. 나의 의견이 중요한 만큼 다른 사람의 의 견을 귀하게 생각하고 존중하는 습관도 회의를 통해 길러낼 수 있 습니다.

무엇보다 중요한 것은 우리의 공동 목표를 확실히 해두는 것입니 다. 너만 잘한다고 회사가 잘되는 게 아니고, 나만 잘한다고 회사가 잘되는 게 절대 아닙니다. 우리 모두가 다 잘해야 회사가 잘되는 것 입니다. 아주 사소하고 보잘것없는 일을 하는 사람들의 근로도 반 드시 필요한 회사 일이라는 것을 명료하게 인식해야 합니다.

여러 사람들의 생각이 잘 모이고 잘 어우러져서 균형, 조화, 융합 이 이루어져야 최선의 해결책을 찾아낼 수 있습니다. 자유롭고 개 방적인 분위기의 즐거운 회의는 짧은 회의이며 강력한 회의입니다.

어느 회사든지 그 회사의 회의 풍경을 보면 그 회사의 조직 문화가

보이고 그 회사의 미래가 보입니다.

모든 직원의 리더화

모든 직원의 리더화는 조직에서 아주 중요합니다. 좋은 리더는 직원들을 모두 리더가 되도록 이끌어 주는 사람입니다. 직원 한 사람한 사람이 회사에서 얼마나 필요한 사람인지를 알려주어야 합니다. 그리고 직원들 모두가 회사를 이끌고 가는 분위기를 만들어야 합니다. 리더는 자기와 함께 일하는 사람들을 부하 직원을 거느린다고 생각하기보다는, 그저 같은 목표를 향하여 같이 일하는 동료로 생각할 필요가 있습니다. 왜냐하면 회사 일은 누구 한 사람의 힘만으로는 결코 이룰 수 없기 때문입니다. 리더는 직원들을 믿고 의지할 필요가 있습니다. 그래야만 혼자 달릴 때보다 훨씬 빨리, 그리고 더 오래 달릴 수 있습니다.

규모가 비교적 큰 많은 회사들이 아랫사람은 아랫사람들끼리 회의를 하고, 그 회의의 내용을 취합해 각 부서장, 팀장, 본부장들이 회의를 하고, 다시 그 결과를 보고서로 작성해 임원들이 회의를 합니다. 그런 다음 상부에서 방향을 결정하고, 그것을 본부장, 팀장,

부서장들에게 전달하면, 부서장들이 직원들에게 지시합니다. 그 과정에서 원래의 아이디어가 갖고 있던 창의성은 사라지거나 아예 묻혀버릴 수도 있습니다. 이런 문제를 해결하기 위하여 임원진에서부터 말단 직원까지 모두 모여서 회의를 진행하는 크로스미팅 방식을 채택하는 것은 효과적인 방법입니다. 직급의 높고 낮음에 관계없이 누구나 자유롭게 자신의 생각을 말하고 개진할 수 있는 방법이 크로스미팅입니다. 나아가 모든 참석자들이 반드시 꼭 한 번 이상 자신의 생각을 말하도록 함으로써, 수동적으로 듣고만 있는 회의가 아니라 정말 다 함께 머리를 맞댄 회의가 이루어질 수 있도록 배려하는 것입니다.

샐러리맨들의 회사생활은 흔히 산을 오르는 일에 비유되거나 사다리로 올라가는 성에 비유되곤 합니다. 수직적인 피라미드 구조 속에서 누가 더 빨리 위로 올라가느냐가 관건이 되고, 회사는 직원들 사이의 경쟁을 부추김으로써 목표를 달성하려 하는 경우가 많습니다. 하지만 이러한 업무조직은 창의성과 생산성을 발휘하는 데 매우 부정적인 영향을 준다는 분석이 나와 있습니다. 그래서 독창적이고 혁신적인 아이디어로 승부해야 하는 많은 글로벌 기업들이 피라미드 조직보다는 평평한 수평조직을 만들고 있는 것입니다. 평평한 회사는 말 그대로 불필요한 권위나 서열에 집착하지 않습니다. 과장, 부장, 이사 등의 직함을 빼고, 그 대신 이름 뒤에 '님' 하나만 붙이는 회사도 있습니다. 고정된 직급이나 부서를 아예 없애 버리는 회사도 있습니다.

'야후!'는 직원이 1만 2천 명에 달하지만, 직원들에게 정해진 부서가 없습니다. 모든 직원이 멀티플레이어입니다. 프로젝트가 생기면 적절한 사람들이 적절한 팀을 만들어서 자발적으로 일합니다. 역할은 언제든지 바뀔 수 있고, 필요에 따라 팀이나 부서를 자유롭게 이동합니다. 격식을 허물어 버림으로써 마음의 거리감을 없애고, 그럼으로써 주저하거나 망설이지 않고 자기 생각을 말할 수 있는 기회를 더 많이 주려는 것입니다. 그럴 때 회사는 직원들이 개성, 창의성, 생산성, 경쟁력을 마음껏 발휘하며 자유롭게 뛰놀 수 있는 거대한 운동장이 되는 것입니다. 조직이 평평한 회사에서는 판매, 마케팅, 생산, 기술개발 등의 분야에서 실무자들의 의견과 창의성이 그대로 회사의 매출, 이익 등에 직접적으로 영향을 줍니다. 회사의 규모가 커지면 인사, 재무 등의 지원부서가 필요한데, 이러한 지원부서의 사람들이 직원들을 감독하거나 평가하는 기능보다는, 오히려 그들을 편하게 일하도록 돕는 역할을 하는 것도 중요합니다.

직원들 중에서 일 잘하는 사람을 찾는 '스타' 찾기 운동을 해보면 어떨까요? 회사의 인트라넷을 통하여 모든 직원들이 주변 동료들

중에서 열심히 일한 동료, 성과를 많이 낸 동료, 협력, 협조를 잘하는 동료를 스타 후보로 추천합니다. 누구나 동료의 노고에 감사하고 싶거나 동료가 칭찬받아 마땅하다는 생각이 들면 아무 때나 인트라넷에 스타로 추천하게 합니다.

이렇게 해서 추천된 스타들 중에서 매달 한 명씩 가장 큰 성과를 낸 '슈퍼스타'를 선발하는 것도 한 방법입니다. '슈퍼스타'에 뽑힌 사람에겐 특별한 감사의 편지와 함께 보상이 이루어지게 하는 것입니다. 평평한 회사에서는 직원들이 스타 찾기 시스템에 능동적으로 참여하고 또 즐거워하게 됩니다. 왜냐하면 이것은 위로부터의 평가가 아니라 아래로부터 이루어지는 피드백 평가이기 때문입니다. 무엇보다도 동료들로부터 칭찬받고 능력을 인정받는다는 사실은 직원들을 매우 고무시키는 일입니다. 이러한 방법은 묵묵히, 열심히 자기 일만 하는 직원들의 숨은 노력을 발굴해 내어 치하할 수 있는 좋은 방법입니다. 게다가 직원들은 스타 찾기를 통해서 다른 팀들이 현재 무슨 일을 하고 있는지, 얼마나 성과를 내고 있는지를 바로 알 수 있는 장점이 있습니다. 또 서로 자극을 받아 더욱 열심히 일하게 되고, 팀워크도 훨씬 강화됩니다. 모든 팀들이 다음 번엔 우리 팀에서 슈퍼 스타를 꼭 배출하자는 의지를 불태울 수 있기 때문입니다.

창의적인 아이디어는 한 사람의 머릿속에서 나올 수는 있지만, 구성원 전체 그리고 조직 전체에 유연성이 없다면 그것을 회사의 성과로 이어지게 할 수는 없습니다. 회사는 기본적으로 구성원 전체가 공동의 목표를 위해 최선의 노력을 할 때 성공합니다. 그리고 이때의 노력은 강제적인 것이 아니라 자발적이고 능동적이고 적극적인 것이어야 지속적으로 위력을 발휘합니다. 평평한 조직과 스타 찾기 등은 이러한 자발적이고 능동적이며 적극적인 창의성과 열정을 꽃 피우기 위한 토대를 마련하는 것입니다. 직원들이 뛰어 놀기 좋은 자리는 가파른 피라미드나 높은 사다리가 아니라 넓고 평평한 운동장일 것입니다. 창의력은 본질적으로 놀이의 산물입니다. 그러므로 필요 없는 권위, 위계질서, 형식적인 호칭에 얽매이지 않는, 자유롭게 소통하는 유연한 조직을 만들어야 합니다. 평평한 회사가 경쟁력 있는 구성원을 가질 수 있습니다. 직원들 모두가 '리더'가 된다면, 그보다 더 강한 조직은 없습니다.

나만의 블루오션

남다르게 생각하기란 쉽지 않습니다. 남다르게 생각해야지 하고 마음 먹는다고 금방 기발한 생각이 떠오르는 것도 아닙니다. 남다르게 뛰어난 일을 하고 있는 사람들의 경험을 종합해 보면, 그들은 자신이 잘하는 일을 열심히 했기 때문에 남다르게 일할 수 있었습니다. 그들은 새로운 분야, 새로운 업종, 새로운 제품, 새로운 시장, 그리고 아무도 발견하지 못한 새로운 블루오션을 찾아 사방팔방 헤매지 않았습니다. 오히려 자기가 잘 아는 영역이나 잘 모르는 영역, 또는 자신이 즐거워할 수 있는 일 안으로 더 깊이 들어가 그 안에서 답을 찾아냈습니다. 그들이 남달랐던 것은 고정관념, 편견, 편향에서 자유로웠기 때문입니다. 맞불작전이나 역 발상, 자유로운 발상에서 나온 즐거운 일에 대한 열정이 그들의 성공 노하우였습니다.

김진수(52)라는 여성이 있습니다. 샘 테리라는 미국 남성과 결혼했기 때문에 그 여자의 미국식 이름은 진수 테리입니다. 30세가 넘어서 미국에 갔으니, 그 여자의 혀는 굳을 대로 굳어져 도저히 내

이티브 스피커를 따라갈 수 없었습니다. 영어가 서툰 한국계 미국 이민자인 그녀의 직업은 '미국인들에게 영어로 스피치 하는 방법'을 가르치는 영어 스피치 클럽의 대표입니다. 그 여자는 자신이 영어를 못 하니까 영어를 가르쳐 주는 스피치 클럽을 만들었는데, 이 클럽은 미국 서부지역에서 큰 반향을 일으켰습니다. 샌프란시스코 시에서는 2001년 7월 10일을 '진수 테리의 날'로 선포했습니다. 그리고 2005년부터는 한국인 최초로 전 미 연설가 협회 정회원이 되어 미국 전역에서 초청받는 뛰어난 강연자로 활동하고 있습니다.

영어를 잘 못 하는 그 여자는 영어를 공부하는 배움을 즐거움으로 바꾼 사람입니다. 영어를 잘 알아든지도 못하는 사람이 영어로 강연을 하러 다닌다니 웃기는 일이죠. 그 여자는 다른 강연자들보다 항상 더 많은 강연료를 요구합니다. 주최측에서 왜 강연료가 다른 사람들에 비해 비싼가 물으면, "영어로 이루어지는 강연료에 나의 한국식 악센트 비용이 추가되기 때문입니다."라고 설명합니다. 이렇게 말하면 상대방은 잠시 생각하다가 웃음을 머금은 목소리로 알겠다고 수락한다는군요.

실제로 미국 유수의 기업에서 강연할 때 그 여자의 영어 실력은 변함없이 보잘것없고 한국식 악센트도 아주 심했습니다. 하지만 영어를 잘 못 했기 때문에 사람들은 그녀가 우스갯소리 한 마디를 하면 더 많이 웃고, 책에서 얻은 지식이 아니라 미국 이민생활에서 얻은 살아 있는 경험을 얘기하므로 더 많이 감동을 받는다는 것입니다. 그 여자의 성공 노하우는 자신의 결점을 최대한 적극적으로 활용하고, 거기에 자신만의 독창적 아이디어를 보태서 블루오션을 만들어 냈다는 점입니다. 영어를 너무 못 해서 영어를 가르치기로 결심한 것이 그 여자의 남다른 생각이었던 것이지요. 말하자면 자신의 콤플렉스를 자신의 가장 강력한 무기로 만들어 버린 것입니다.

기본적으로 인간은 사회를 이루고 무리를 지어 살아갑니다. 그러므로 사람들 사이에서 부대끼고 스치면서 여러 사람들로부터 배운다는 자세와 태도는 무엇보다 중요합니다. 실제로 성공한 사람들은 대부분 자기 혼자 잘나고 똑똑해서 지금의 자리에 이르렀다고 말하지 않습니다. 그들은 하나같이 "오늘날 내가 있기까지 도와주신 많은 분들"에 대하여 이야기합니다. 이것은 단지 겸양지덕에서 나온 표현만은 아닙니다. 왜냐하면 세상에는 '빵빵한' 분들과의 만남을 통해 얻을 수 있는 것이 한두 가지가 아니기 때문입니다. 그들이 말하는 이야기 속에서는 지식, 정보, 기술뿐만 아니라 경험에서 오는 다양한 지혜를 발견할 수 있습니다. 실제로 능력 있는 경영자일수록 다른 경영자들을 자주 만나 이야기를 나누며 정보를 공유하고 싶어합니다.

새로운 것을 배울 때 꼭 필요한 마음의 자세가 있습니다. 첫째는 호기심을 가져야 하고 둘째는 열린 마음을 가져야 합니다. 일단 호기심이 없는 사람은 아예 배우는 것이 불가능합니다. 관심도 없고 의지도 없는데 어떻게 뭔가를 배울 수 있겠습니까? 또 자기가 기존에 알고 있던 것들만 고집하는 사람은 새로운 것을 배울 마음도 생기지 않고, 뭘 배워도 빨리 늘지 않습니다. 마음이 닫혀 있어서 낯선 것, 다른 것, 생소한 것을 알려 하지 않고 귀찮아하거나 두려워하고 무조건 피하려 들기 때문에 아무것도 배울 수 없습니다. 지금이 순간, 자신에게 주어진 시간을 느껴 보십시오. 그러면 이 순간이 얼마나 아까운지 알 수 있습니다. 지금까지 살던 대로만 살기에는 너무 다양하고 재미있는 많은 것들이 우리 주위에 포진하고 있습니다. 새로운 것을 배우고 다른 삶을 살아 보려는 호기심을 가지십시오. 배우는 데는 나이도 시간도 아무런 제약이 될 수 없습니다. 무언가를 배운다는 것은 우리의 마음에 끼어 있는 묵은 때를 벗기는 일입니다. 새로운 사람으로 거듭나는 일입니다. 인생을 살면서 내가 꼭 닮고 싶은 사람이 있을 것입니다. 그 사람을 모델로 정하고 그 사람을 흉내 내보는 것도 한 방법입니다. 이러한 자기암시는 아주 강력한 성공 습관이 되기도 합니다.

창의적인 것은 무조건 기발하거나 엉뚱하기만 한 것이 아닙니다.

오히려 창의성, 창조성은 자신이 하고 있는 일을 깊이 이해하고, 그것을 즐거워하고, 그것을 더욱 발전시키려 할 때 발휘되는 인간 에너지의 일종입니다. 우리 주위에 있는 가까운 사람들의 능력을 재발견한다든지, 가까운 사람들의 장점을 찾아내는 것이 자신의 일 속에서 가장 창의적인 솔루션(solution)이 되기도 하는 것입니다. 그들과 함께 손을 잡을 수 있다면, 우리들은 이미 개방적인 커뮤니케이션을 하고 있는 것입니다.

독창적 생각

기업이 신입사원을 뽑을 때 항상 요구하는 것이 '독창적인 자기소
개'입니다. 기업에서 고객을 상대로 프레젠테이션을 할 때도 항상
요구되는 것이 '독창성'입니다. 그냥 자기소개를 하라고 하면 좋겠는
데, '독창적'이라는 단어에서 딱 걸려 버립니다. 그래서 시작부터 당
황하여 분별 없고 밋밋한 자기소개를 하게 되거나, 반대로 굉장히
특이하고 엄청 튀어야 한다는 강박관념을 갖고 자기소개를 하게 됩
니다. 숨은 끼를 보여준다며 엽기적인 노래나 춤, 개인기를 선보이기
도 하고, 다양한 장비를 동원하거나 미래 지향적 패션 감각으로 보
는 사람을 당혹스럽게 만들기도 합니다. 그런 노력들이 재미를 불
러 일으키는 요소는 될 수 있으나, 미안하게도 제대로 된 독창적 자
기소개는 아닙니다. 왜냐하면 독창적인 것에 너무 집착한 나머지,
정작 자기를 제대로 소개하지 못하기 때문입니다.

자기소개를 왜 합니까? 상대방에게 나를 보여주고 상대방을 설득
하기 위해서입니다. 프레젠테이션을 왜 합니까? 고객이나 투자자에

게 자기의 상품이나 프로젝트를 효과적으로 보여주어 더 많이 팔거나 상대방을 설득하기 위해서입니다. 왜 독창적이어야 합니까? 그래야만 내가 가진 장점을 상대방에게 확실히 각인시켜 줄 수 있기 때문입니다.

진부한 프레젠테이션을 보면, 천편일률적으로 이번 신제품을 개발하는 데 많은 연구비와 실험 투자비가 투여되었고, 기술적으로 얼마나 진보했고, 타사의 경쟁 상품에 비해 이러저러한 장점이 있다고 지루하게 늘어놓는 경우가 많습니다. 또한 숫자와 그래프, 각종 통계와 자료를 들이대서 듣는 사람을 골치 아프게 만들고, 전문 용어까지 남발해서 완전히 질리게 만듭니다. 우수한 디자인, 기술적 안정성에 대해서 긴 말을 하지 않고, 직접 신제품을 가지고 나와서 고객에게 제품을 설명하면서 제품을 가지고 노는, 즉 제품을 직접 즐기도록 유도하는 프레젠테이션을 만들어 보면 어떻겠습니까? 프레젠테이션에서도 전문 용어보다는 일상적으로 사용하는 단어들을 사용하면서, 적절히 농담을 섞어 자연스럽게 웃음을 유도하는 것이 좋은 방법의 한 가지가 될 수 있겠지요. 유머는 청중과 발표자 사이의 긴장감, 서먹한 관계를 없애고 친밀감, 공감대를 형성할 수 있는 강력한 장치입니다. 놓여 있는 상황이 심각할수록, 분위기가 딱딱할수록 유머를 적절히 구사하면 그 효과는 배가됩니다.

한 예로 클린턴 대통령의 경우를 살펴봅시다. 1996년 첫 임기가 막바지에 이르러 재선을 시도하고 있던 그에게 국회에서 신년 국정연설을 할 기회가 왔습니다. 그의 공공복지 확대정책과 세금정책 등이 공화당의 맹비난을 당하며 민주당 클린턴의 재선 가능성이 도마 위에 오르는 냉혹한 분위기 속에서 그의 국정연설은 많은 관심이 집중되었습니다. 상, 하원 합동회의 의장단 석 아래에 마련된 연단에 오르자 클린턴은 양복 윗주머니에서 종이 한 장을 꺼내 자신의 정적인 공화당의 깅그리치 하원의장에게 건네주었습니다. 어리둥절해진 깅그리치 하원의장이 종이를 받아 펼쳐 보더니 폭소를 터뜨렸습니다. 클린턴이 건네준 종이에는 과연 뭐라고 쓰여 있었을까요?

"국정연설문: 감사합니다. 안녕히 계십시오."

바로 전날, 깅그리치 하원의장은 언론과의 인터뷰에서 한 기자로부터 클린턴 대통령의 국정연설에서 무슨 말을 듣고 싶으냐는 질문을 받고, "그냥 인사만 하고 들어갔으면 좋겠소."라고 퉁명스럽게 대답한 일이 있었던 것입니다. 이 소식을 전해들은 클린턴은 깅그리치 하원의장의 날 선 비아냥에 대해 단 한 줄의 유머로 받아쳐서 적의 칼날을 무디게 만들었던 것입니다. 그렇게 상대를 웃긴 다음에 시작된 클린턴의 연설은 예상보다 공화당 의원들의 공격을 훨씬 적게 받았고, 여전히 높은 지지율을 지켜낼 수 있었습니다. 이렇게 시의 적절한 유머는 연설이나 프레젠테이션을 독창적으로 만들어 줍니다.

많은 사람들이 감동적인 스피치를 하려면 청중의 감정에 호소해야 한다고 생각합니다. 그러나 스피치에서 진짜 중요한 것은 감정이 아니라 주제입니다. 그리고 스피치에서 발표시간과 설득력은 결코 비례하지 않습니다. 발표를 오래한다고 설득력이 높아지는 것은 아닙니다. 미국 역사상 가장 뛰어난 연설가로 꼽히는 링컨 대통령의 연설을 보면 이게 무슨 말인지 알 수 있습니다. 그 유명한 링컨의 게티즈버그 연설을 예로 봅시다.

1861년 3월 노예제도에 강력히 반대한 링컨이 미합중국 대통령에 당선되자 남부의 7개 주가 미합중국에서 탈퇴해 독립을 선언해 버립니다. 곧이어 4월에는 그 유명한 남북전쟁이 발발합니다. 전쟁 발발 2년 뒤인 1863년 7월 남부의 연합군과 북부의 동맹군은 게티즈버그에서 대규모의 교전을 하게 됩니다. 이 전투에서 쌍방은 5만 명이 넘는 사상자를 냅니다. 그 해 11월 게티즈버그 전투 희생자들을 추모하는 묘지건립 행사가 열립니다. 이 행사에는 미 전역에서 수많은 인파가 모여들었는데, 링컨보다 먼저 에드워드 에버렛 목사가 연설을 하게 되어 있었습니다. 에버렛 목사는 당시 유명한 웅변가로 명성을 떨치던 인물이었습니다. 그에 비하면 링컨은 연사로서는 그다지 알려지지 않았습니다. 에버렛 목사는 이 전쟁의 의미, 전쟁의 목적, 전쟁의 의의 등에 관하여 온갖 감동적인 시구와 미사여구를 총동원해 장황하게 이야기했는데, 연설 시간이 두 시간에 달했다고 합니다. 이윽고 지칠 대로 지친 청중 앞에서 단상에 올라선 링컨이 연설을 시작했습니다. 링컨의 연설시간은 채 3분도 되지 않았습니다. 하지만 오늘날까지도 링컨의 연설은 최고의 명연설로 꼽히는 반면, 에버렛 목사의 장황한 연설을 기억하는 사람은 아무도 없습니다.

〈참고 : 링컨의 게티즈버그 연설 전문〉

"87년 전 선조들은 모든 인간이 평등하게 창조되었다는 이념 아래 이 나라를 세웠으며, 이제 우리는 이런 이념에 따라 세워진 나라가 계속 번영할 수 있을지를 결정할 전쟁을 수행하고 있습니다. 오늘 우리는 이 나라의 지속과 번영을 위해 죽어간 전사자들을 추모하고자 합니다. 하지만 우리가 무슨 말을 하건 목숨을 바친 그들의 희생을 능가할 수는 없습니다. 이제 우리의 의무는 국민의, 국민에 의한, 국민을 위한 정부가 이 지상에서 사라지지 않도록, 새로운 자유가 탄생하도록, 그들의 희생이 헛되지 않도록 하는 것입니다."

효과적인 프레젠테이션의 핵심은 주제에 집중하는 것입니다. 논점을 흐리게 만드는 이야기는 안 하느니만 못합니다. 자신이 하고 싶은 이야기가 뭔지를 확실히 해야 합니다. 지금 하려고 하는 프레젠테이션의 목표가 무엇인지 명확하게 인식해야 합니다. 일단 목표가 정해지면 치밀하게 계획을 짜고, 발표 연습을 많이 하면 할수록 좋을 것입니다. 잊지 말아야 할 것은 '독창적 생각'입니다. 세종대왕의 독창적 생각이 없었다면 우리나라는 아직도 중국의 한자를 국어로 쓰고 있거나, 아니면 로마자를 차용해 와서 우리말을 알파벳으로 기록하는 불편한 언어생활을 하고 있을 것입니다. 세종대왕의 독창적 생각은 5백여 년을 앞서가는 위대한 발명품 '한글'을 만들었고, 한글은 정보기술 시대의 총아로서 정보의 전달력과 복제력에서 세계의 어느 언어도 따라오지 못하는 속도를 자랑하고 있습니다. 뿐만 아니라 그 과학적인 구조는 가장 배우기 쉬운 글자로, 표현하지 못하는 소리가 없는 유일한 글자로 평가되고 있습니다. '한글'은 유엔이 인정한 세계 최고의 문자입니다. 유엔 산하 기관인 유네스코는 지구촌 문맹퇴치에 공이 큰 각국의 기관과 단체에게 1990년도부터 매년 '세종대왕상'(King Sejong Prize)을 수여하고 있습니다. 오늘날 한국의 IT 기술은 한글이 만들어 낸 것이라고 말해도 과언이 아닙니다.

　한글은 표음문자이고, 음소문자이며, 자질문자입니다. 이는 인간이 만들어 낸 문자체계 중에서 가장 발달된 고도의 체계이며, 이 범주에 드는 문자는 지구상에 한글 하나밖에 없습니다. 한글이라는 기계 친화적이고 디지털 친화적인 문자가 우리에게 없었다면, 또 복제성과 전달성에서 영어를 훨씬 능가하는 과학성이 없었다면, 우리는 결코 '인터넷 왕국'을 건설하지 못했을 것입니다. 한글은 마치 정보기술 시대의 디지털 문명을 미리 내다보고 창제한 문자 같습니다. 세계의 모든 문자 중에 유독 한글만이 창제자와 창제일이 분명합니다. 유럽의 알파벳, 중국의 한자를 비롯하여 일본의 히라가나 등은 모두 누가 언제 만들었는지 모릅니다. 그때그때 필요에 의해 합성되고 짜깁기하여 사용되어 왔기 때문입니다. 따라서 과학성, 합리성, 논리성, 체계성, 편의성 등에서 한글을 따라올 수 없는 태생적 한계를 가지고 있습니다. IT 시대와 인터넷 시대의 도래로 한글이 세계화 속도는 더욱 가중되고 있습니다. 한 사람이 '독창적 생각'이 우리 국민의 미래를 엄청나게 이끌어 가고 있는 것입니다.

인재를 찾기보다 인재를 만들기

성공한 회사들을 보면 특출한 능력을 지닌 인재들을 채용해서 성과를 높이려는 어려운 일을 하지 않습니다. 오히려 직원들이 각자의 능력을 발휘할 수 있는 계기와 동기를 만들어 주고 끊임없이 자극함으로써 자신의 능력을 스스로 발견하게 만들어 줍니다. 어떤 계기로든 자신의 능력을 한 번 자각한 직원들은 일을 해나가면서 더욱 열정적으로 일하는 진짜 인재가 되어 버립니다.

기업 성공의 진짜 비결은 직원들이 자신의 능력을 믿게 하는 것입니다. 즉 회사에서 인재로 대우 받으면 인재가 되는 것입니다. 필요한 모든 능력을 갖춘 직원이란 이 세상에 없습니다.

직원에게 계기와 동기를 갖게 하고 직원을 교육하는 과정은 그 사람의 잠재력과 그 사람의 능력을 회사의 특성에 맞도록 튜닝(tuning)하는 과정이라고 할 수 있습니다. 그만큼 직원들의 교육은 아주 중요합니다.

회사란 여러 사람들의 힘과 열정이 모여야만 성과를 낼 수 있는 하나의 커다란 팀입니다. 무엇보다 강력한 팀워크는 구성원 간의 신뢰와 지지를 바탕으로 해야 형성될 수 있습니다. 사실 회사에서 경영자는 자동차로 치면 기본 사양이 아니라 옵션에 해당하는 것입니다. 직원들이 회사의 엔진이고 차축이라면, 사장은 대강 와이퍼쯤 된다고 봅니다. 이렇게 말한다고 섭섭하게 생각할 경영자도 있을 수 있지만, 잘 생각해 보면 그리 나쁘지만은 않은 이야기입니다. 성능이 좋은 자동차는 엔진이 잘 돌아가야 합니다. 하지만 엔진이 아무리 좋아도 맨 앞에서 시야를 맑고 밝게 해주는 와이퍼가 망가지면 눈비가 올 때 차를 운행하기 매우 어렵습니다. 즉 직원들 한 사람 한 사람의 능력이 중요하지만, 날이 밝은 평소엔 필요 있는 듯 없는 듯하다가도, 위기 상황이나 어려움이 발발하면 앞장서서 문제를 해결하는 와이퍼는 자동차의 안전운행을 위한 필수 요소입니다. 리더의 역할도 마찬가지입니다. 경영자는 직원들이 각자 가지고 있는 능력을 제대로 발휘할 수 있도록 맨 앞에서 보살피고, 시야를 열어 주고, 여건을 마련해 주어야 하는 것입니다.

유능한 리더는 특별한 인재를 찾으려고 멀리 돌아다니지 않습니다. 자기 그늘 밑에 있는 직원들을 특별한 인재로 키워 내는 것이 진짜 유능한 리더입니다. 지금 바로 사무실, 작업실, 근로현장을 둘러보십시오. 등잔 밑에 숨어 있는 잠재력 있고 특별한 능력을 갖춘 인재들을 발견하십시오. 그들을 밝은 무대 중앙으로 나오도록 끌어내십시오. 자신의 독특한 능력을 발휘할 기회를 주십시오. 직원들을 변화시키십시오. 그러기 위해서는 회사의 인사부서를 잘 활용하는 것도 한 방법입니다. 회사의 인사를 담당하는 부서는 가장 중요한 자산인 회사의 인적자원을 관리합니다. 막강한 부서 가운데 하나입니다. 그런데 회사의 인사부서가 조직의 진정한 발전에 걸림돌이 된다는 비판을 받는다면, 그 회사는 이미 조직이 썩기 시작했다고 볼 수 있습니다.

많은 회사의 인사부서는 막강한 힘을 가지고 있습니다. 직원 채용, 교육, 승진, 연봉 등에 관해 상당한 영향력을 발휘하기 때문입니다. 때로는 이러한 과정에서 음모의 냄새가 날 수도 있습니다. 많은 회사에서 인사부서가 제 구실을 못 한 채 그저 그런 일이나 하면서 지내곤 합니다. 불행하게도 인사부서가 제 구실을 제대로 하고 있는 회사는 거의 없다고 할 수 있습니다. 어이없는 현실입니다. 더 심각한 일은 어떤 경영자도 이를 뜯어 고치려 하지 않는다는 사실입니다. 인사부서는 두말할 필요 없이 회사의 핵심 조직이어야 합니다. 어떤 인물을 채용할 것인지, 채용한 직원에게 어떤 교육을 시킬 것인지, 인재를 어떻게 키워 나갈 것인지, 누구를 승진시켜야 할 것인지, 누구를 내보내야 할 것인지를 결정하는 일은 얼마나 중요합니까?

어떻게 보면 비즈니스는 게임이라고 할 수 있습니다. 필드에 최상의 구성원으로 뭉친 팀이 나가 환상적인 호흡으로 일하도록 해야 이길 수 있습니다. 이것은 아주 단순하고 명료한 원리입니다. 그런데 최근 기업계의 속을 들여다보면 인사부문 출신이 최고 경영자가 되는 예가 거의 없습니다. 대부분의 회사들은 재무부서 출신이나 영업부서 출신, 또는 기술부서 출신을 최고 경영자로 뽑곤 합니다. 이는 회사의 성장발전에 고무적인 현상이 되지 못합니다. 예를 들어 보십시다.

세계적으로 유명한 스페인의 명문 축구 팀 레알 마드리드의 구단주가 되었다면 누구를 감독으로 쓰겠습니까? 축구 구단의 회계부서 출신, 재무부서 출신, 기술부서 출신, 홍보부서 출신, 또는 선수 관리 부서 출신 가운데 누구를 CEO로 쓰겠습니까? 회계나 재무부서 출신은 구단회사의 금고 사정을 제대로 관리할 것입니다. 선수 관리 전문가는 축구 경기에서 승리하기 위하여 무엇을 해야 할지 잘 알고 있습니다. 팀의 구성원인 개별 선수들의 장단점을 잘 알고 있는 것입니다. 팀의 약점을 보완하기 위하여 어떤 훈련을 해야 하고 어떤 선수를 영입해야 하는지, 어떤 선수를 내보내야 하는지도 잘 간파하고 있을 것입니다. 이러한 것은 바로 회사의 인사부서가 갖춰야 할 본연의 능력입니다.

그러나 정말 불행하게도 많은 회사의 인사부서가 제대로 본연의 능력을 갖고 있지 않습니다. 이것이 현실입니다. 많은 회사에서 인사부서가 조직 내에서 무시당하거나 가볍게 취급되고 있습니다. 그 이유는 대개 두 가지로 압축될 수 있습니다. 즉 인사부서가 투명하지 않게 일을 처리하거나, 아니면 아무 하는 일 없이 빈둥거리고 있기 때문입니다. 인사부서 간부들은 병풍 뒤에서 킹 메이커 구실을 합니다. 한 임직원의 경력을 보기 좋게 만들어 주기도 하고 망쳐 놓기도 합니다. 사내의 비밀스런 정보와 작은 재량권을 이용해서 최고 경영자의 지시 없이 그런 일을 하는 사람도 있습니다. 결국 유능하고 독특한 인재가 사내 파워게임이 싫어 회사를 떠나 버리는 경우도 발생합니다.

어느 회사에서는 인사부서가 하는 일이 고작 야유회 계획이나 세우고, 아무런 쓸모도 없는 인사규정이나 만들어 들먹이고, 주어진 작은 권한을 가지고 알량한 장난이나 치는 조직 파괴의 주범이 되는 경우도 있습니다. 이러한 풍조가 인사부서를 점령해 버리면, 그런 회사는 이미 조직의 관료주의가 판을 치고 있다고 봐야 합니다. 최고 경영자는 인사부서의 이런 행태를 어떻게 바로잡아야 할까요?

먼저 인사부서에 적합한 인물을 뽑아야 합니다. 작은 정보나 알량한 권한을 이용해 킹 메이커가 되려고 하기보다는, 임직원 구성원의 신뢰를 받을 만한 성품의 인물을 선정해 인사부서를 맡겨야 합니다. 이런 인물은 조직을 파괴하기보다 조직을 강화시켜서 생산성, 창조성, 경쟁력을 높이는 조직 문화를 만들어 갑니다. 조직 구성원의 잘못을 질타하고 비판하기보다 조직 구성원의 고충을 들어 주고 조직의 궤도에서 벗어나면 바로잡아 줍니다. 조직 구성원 모두를 아끼고 키워 주려고 노력합니다.

경영자는 인사부서가 앞장서서 인재를 채용, 영입, 교육, 육성할 수 있는 시스템을 구축해야 합니다. 업무의 추진 과정이 투명하지 못하거나 심지어 나쁜 인직원에게는 적절한 조처를 바로 취할 수 있어야 합니다. 잘나가는 부서의 일부 임직원이 거들먹거리며 위화감을 조성하는 일도 사전에 예방해야 합니다. 비즈니스 게임에서 승리하려면, 인사부서가 재무부서를 능가할 만큼 전문성과 도덕성, 윤리성을 갖춘 조직으로 혁신시켜 나가야 합니다. 모든 문제나 의혹은 묵혀 두지 말고 바로 그 자리에서 해결하는 것이 중요합니다. 사소한 문제들이라도 미루지 말고 바로 공개해 버리는 용기를 가져야 합니다.

많은 경영자들은 회사의 중요한 사안에 대해서는 비밀을 유지해야 한다고 믿습니다. 하지만 비밀이 많은 회사일수록 문제도 많습니다. 회사의 정확한 사정과 중요한 정보를 직원들과 공유하면 할수록 직원들은 회사에 더 많은 관심을 갖게 되고, 보다 능동적이고 적극적으로 업무를 볼 수 있습니다. 회사의 최종 목표를 공유하면서 현실적 과정이나 문제점을 공유할 수 없다면, 그러한 생각 자체가 모순입니다. 목표를 공유한다면 문제도 공유하고 정보도 공유해야 거대한 팀이 승리를 향해 매진할 수 있습니다. 모든 정보와 문제를 공유하는 과정에서 직원들은 회사가 필요로 하는 독특한 능력을 가진 인재로 변신하는 것입니다.

잘 듣기와 커뮤니케이션

회사의 저력은 직원들 각각의 개성에서 나옵니다. 그런데 이 개성들이 잘 발현되려면 그들의 말을 잘 들어 주는 경청의 기술이 무엇보다 필요합니다. 사람의 머릿속에 들어 있는 오만 가지 생각들 가운데서 무엇이 창의적인 아이디어이고 무엇이 그렇지 않은지를 그 자리에서 판단하기란 그리 쉽지 않습니다. 일단 테이블 위에 꺼내 놓고 얘기를 해봐야 옥석이 가려질 때가 더 많습니다. 그러므로 창의적인 아이디어를 이끌어 내는 기본은 우선 '잘 듣기'입니다. 이것은 이미 리더로 있는 사람들에게 필요한 덕목이지만, 장차 리더가 되고자 하는 사람들도 누구나 명심해야 할 중요한 덕목입니다.

우리 주위를 보면 유독 말하기를 좋아하거나 청산유수로 말을 잘하는 사람들이 있습니다. 그런데 말을 잘하고 말을 많이 할수록, 말을 들을 기회를 놓치기 십상입니다. 세계적으로 인정받고 있는 최고 경영자들의 거의 100%는 말을 하기보다 말을 듣기를 즐기는 사람들입니다. 말을 들으면서 상대도 미처 인식하지 못한 장점들을 기가 막히게 포착해 내는 것입니다. 그런 다음 그것을 실제로 업무에 적용할 수 있도록 적극적인 지원을 속도감 있게 조치합니다. 능력 있는 청취자는 실제로 말하는 사람보다 더 많은 것을 깨닫습니다. 강연을 해본 사람이나 강연을 귀담아 들어 본 사람은 그것을 잘 알 것입니다. 실제로 이야기를 열심히 듣는 청중은 더 많은 것을 느끼고 스스로 변화합니다.

그렇다면 잘 듣는 방법은 무엇일까요? 경청은 듣고, 반응하고, 헤아리고, 발견하는 네 가지 요소로 구성되어 있습니다. 상대가 하는 말을 잘 들으면서 적절하게 반응을 보임으로써 내가 정확하게 이해하고 있다는 것을 상대에게 보여줍니다. 그리고 상대가 내 반응을 통해 어떤 생각의 변화가 일어나고 있는지를 헤아린 다음, 서로의 공통분모를 찾아내는 과정입니다.

이 네 가지 가운데서 특히 중요한 것이 반응입니다. 반응을 통해서 상대와 내가 제대로 의사소통이 되고 있는지 아닌지를 진단할 수 있기 때문입니다. 이해하지 못했으면 못했다고 알려서 상대에게 좀더 얘기를 끌어내야 하고, 제대로 이해했으면 이해했음을 알려서 상대에게 말할 의욕을 고취시켜야 합니다.

적절하게 질문을 던지는 것도 효과적입니다. 듣는 사람의 반응이 없으면 일방적인 보고가 되고, 결국 이것은 커뮤니케이션의 실패입니다. 보고를 들을 때 절대 하지 말아야 할 것도 있습니다. 딴짓 하면서 듣기, 결론으로 직행하기, 말 허리 자르고 끼어들기, 마음을 닫고 듣기, 눈을 지그시 감고 듣기 등입니다. 열심히 말하는데 딴짓을 하는 건 상대의 사기를 떨어뜨릴 뿐만 아니라 자칫 일을 그르칠 수도 있는 아주 무례한 행동이 됩니다. 보고를 들을 때는 오로지 말만 들어야 합니다. 듣는다는 것은 기본적으로 상대에게 마음과 정신을 집중하는 행위이고, 그것의 최종 목표는 커뮤니케이션입니다. 잘 듣고 적절한 반응을 하면서, 또 이어지는 다른 대화를 이끌어 내는 것이 경청입니다.

좋은 아이디어는 열정을 가진 사람들의 머릿속에서 나옵니다. 열정은 상대가 나에게 온갖 관심과 애정을 기울이고 있다고 느낄 때 더욱 뜨거워집니다. 듣는 사람이 상대의 의견을 무시하면, 장기적으로는 그 사람에게서 나올 수 있는 다양한 가능성을 뿌리째 뽑아 버리는 것과 같습니다. 그러므로 직원들과 회사의 구성원들이 회사의 업무를 사랑하고 회사를 사랑하길 바란다면, 직원들의 얘기를 열심히 들어 주어야 하는 것입니다. 마찬가지로 회사가 자신을 높이 평가해 주길 바란다면, 회사의 얘기를 열심히 들어야 합니다. 그러나 잘 들어 주는 것과 무조건 들어 주는 것은 다릅니다. 언제나 자신의 기준과 판단은 유지하되, 상대의 말에 일리가 있다면 언제든 적극 지지할 마음의 자세를 가지고 능동적으로 들어야 합니다.

또한 집안의 모든 고민도 회사로 가져오게 하십시오. 사실 직장의 동료들은 하루 중 가장 오랜 시간 얼굴을 맞대고 지내는 사람들입니다. 그런데도 정작 서로가 어떤 사람인지는 잘 모르고 지냅니다. 무관심도 있겠지만, 개인적인 일, 집안 얘기를 거의 나누지 않기 때문입니다. 많은 사람들은 동료나 상사에게 자신의 고민거리를 들키지 않으려고 애쓰고, 또 그러한 일들이 자신의 결함으로 여겨질까 봐 더욱 감추려 할 수도 있습니다. 아니면 상사들 중에는 개인적인 일이나 집안의 얘기를 회사에서 일체 꺼내지 못하도록 하는 사람도 있을 수 있습니다. 이렇게 서로를 잘 알지 못하고 지내면, 진짜 심각한 상황이 벌어졌을 때 적절한 대처 법을 찾기가 어렵습니다. 그래서 결국 유능한 한 사람을 잃어버릴 수도 있습니다. 이런 손실을 막으려면 각자의 고민거리를 회사에 와서 풀어 놓고 동료들과 함께 해결 방법을 찾아보는 분위기를 만들어야 합니다.

경영자는 회사에 직원들의 집안일을 끌어들이면 안 된다는 기존의 생각을 뒤집을 필요가 있습니다. 직원들로 하여금 집안의 모든 고민거리를 회사로 가져오도록 하여 함께 고민하고 해결책을 찾기 위해 노력해야 합니다. 직원들의 속사정을 잘 헤아리는 리더가 진정한 리더입니다. 회사의 목적은 '이윤'을 내는 데 있습니다. 쉽게 말하면 '돈'을 버는 데 있는 것입니다. 그 목적을 위해 회사는 여러 가지 경영 전략을 구사합니다. 직원들이 행복해지지 않으면 회사는 돈을 잘 못 벌어들입니다. 그러니 돈을 잘 벌려면 직원들을 행복하게 만들어야 하고, 직원들을 행복하게 하려면 그들의 고민이 뭔지 알고 함께 고민해 주어야 하지 않을까요? 직원들이 회사 일이 아니라 자기 일을 한다고 느끼는 조직은 최고의 직원을 가질 수 있는 새로운 조직입니다.

직원들의 미래를 보살피는 리더십

경영에서 리더에게 가장 필요한 것은 직원들에게 비전을 제시할 수 있는 능력입니다. 직원들은 회사에서 일하고 월급을 받지만, 노동의 대가가 단지 돈뿐이라면 직원들의 업무 능률을 크게 높이기는 힘듭니다. 직원들이 자발적이고 능동적이며 열성적으로 업무에 집중하게 만들려면, 리더는 그들이 하고 있는 일을 통해 자신의 꿈과 미래를 그려볼 수 있도록 해야 합니다.

역사적으로 유명한 리더들을 분석해 보면, 그들에게서 발견되는 리더십의 공통된 특징이 있는데요. 놀랍게도 '이야기를 창조해 내는 능력'이라고 합니다. 리더십의 본질은 사람들의 마음속에 자리 잡은 낡은 이야기(고정관념, 편견, 편협, 편향, 잘못된 지식, 인식 등)를 물리칠 수 있는 새로운 이야기를 들려 주는 것입니다. 여기서 이야기란 종종 메시지나 비전이라는 말로 표현되기도 하지만, 실질적으로 다수의 사람들을 움직이게 하는 것은 메시지나 비전이 아니라, 하나의 '새로운 이야기'입니다. 리더는 사람들에게 현재의 모습에 대한 문제점이나 불만을 직시하도록 유도하고, 그것을 어떻게 뛰어넘을지 그 방법과 대안을 제시하며, 문제가 해결된 뒤에 펼쳐질 미래를 생생하게 그려 보이는 과정을 통해, 설득력 있는 '새로운 이야기'를 창조하는 사람입니다.

회사의 업무 활동도 마찬가지입니다. 직원들은 어떤 환경이나 조건에서도 일에만 몰두하는 무상무념의 존재가 아닙니다. 그렇기 때문에 모든 직원이 다 자기 일처럼 열심히 회사 일에 매달리게 만들기는 정말 어렵습니다. 직원들 꽁무니를 따라다니며 당근을 내밀거나 채찍을 휘두르는 것은 리더십과는 아주 거리가 먼, 말초적이고 지엽적인 한 방법에 불과합니다. 리더가 할 수 있는 최대의 역할은 바로 그들에게 왜 일을 하고 있는지를 깨닫게 해주는 것입니다.

일을 통해서 사람들이 자신만의 비전을 가질 수 있어야 합니다. 누군가를 위해서, 혹은 상황이나 필요 때문에 어쩔 수 없이 하는 것이 아니라, 바로 나 자신을 위해 노력하고 있다는 생각이 들어야 합니다. 열심히 일하는 것이 곧 자신의 발전과 직결된다는 생각이 들면, 일을 소홀히 하거나 건성으로 하는 사람들이 훨씬 줄어들 것입니다. 실제로 일본의 경영학계에서 한때 '사시미 법칙'(三四三 法則)이라는 말이 유행했습니다. 경영 컨설팅 회사가 일본 대기업의 종업원 마인드와 태도를 분석해 보았더니, 회사의 직원들 중에서

30%는 열심히 일을 하고, 40%는 건성으로 일을 하며, 30%는 아예 일을 하지 않는다는 결과가 나왔다고 합니다. 일본뿐만 아니라 우리나라의 기업 중에도 종업원이 많은 대부분의 회사는 이 '사시미 법칙'에 젖어 있을 수도 있습니다.

직원들은 각자 꿈꾸는 미래가 있습니다. 업무시간의 10% 정도는 개인적인 비전을 위하여 자유롭게 쓸 수 있도록 하는 것도 한 방법입니다. 이러한 자유로운 시간을 통하여 직원들은 많은 창의적인 아이디어들을 얻어 내고, 결국 그들이 꿈꾸던 미래를 현재의 것으로 바꾸어 놓을 수도 있습니다. 직원들의 미래를 보살피는 리더십이 그렇지 않은 리더십보다 훨씬 더 효과적입니다.

사실 일은 힘들기도 하지만, 생각하기 나름으로는 아주 즐거운 것이기도 합니다. 힘든 목표를 설정하고 그것을 성취해 낸다는 것은 자기 자신의 가치와 존재의 의미를 확인하는 일입니다. 우리의 현대 사회에서는 모든 것이 일을 통해서 스스로를 증명하고 또 인정받는 것입니다. 그래서 일없이 빈둥거리는 것은 매우 부끄러운 일이 되었습니다. 우리에게 일이 없다면 일상생활의 활력이 없어지고 인생의 목표도 없어지며, 사는 게 무엇인지 심드렁해져서 자칫 극심한 우울증에 시달릴 수 있습니다. 질리도록 돈이 많은 사람도 매일의 삶이 전혀 즐겁지 않을 수도 있는 것입니다.

일이란 그저 고역이라는 생각은 잘못된 관념 중 하나라고 생각합니다. 왜냐하면 우리는 일을 통해서 얼마든지 즐거움을 느끼고 행복해지며, 의욕적이고 열정적으로 신나게 살 수 있기 때문입니다. 실제로 일을 놀이라고 생각하는 사람들이 점점 늘고 있습니다. 창의적이며 창조적인 마인드를 갖고 있는 사람들이 일과 놀이를 결합시켜서 생각하는 것입니다. 단순한 생각이지만, 이렇게 전혀 관계없는 듯한 상반된 것을 하나로 연결해서 새로운 결합을 만들어 내는 것이 창조적 마인드의 진면목이지 않습니까?

일과 놀이를 결합시키면 즐거움이 배가됩니다. 거기다 현재의 노력이 미래를 만들어 가는 과정이라고 생각하면, 마음속에 일에 대한 불평불만이 자리 잡을 틈새도 없어집니다. 리더는 직원들이 열심히 노력했을 때 다가올 미래의 모습을 구체적이고 정확하게 제시해 주어야 합니다. 그들에게 분명한 목표를 제시하고, 왜 그래야만 하는지를 설득해야 합니다. 지금 우리가 하고 있는 일이 미래를 어떻게 변화시킬 것인가에 대한 확고한 신념과 의지와 자신감을 보여 주어야 합니다.

직원들이 왜 나는 회사에서 열심히 힘들게 일하고 있는지를 자문했을 때, 다른 누구도 아닌 자신의 미래를 위해서라고 대답할 수 있는 회사를 만드는 것이 새로운 조직 문화를 만드는 일입니다. 직원

들이 서로가 서로에게 발전적인 미래를 향해 나아가는 엔진, 원자

재, 연료가 될 때 새로운 조직 문화를 가진 회사로 성장하게 됩니

다. 현재가 곧 미래입니다.

동반자와 지지자

사람은 개인이면서 곧 집단입니다. 사람은 누구나 부자가 되고 싶어 하고, 또 성공하는 꿈을 꿉니다. 우리 주위에는 드라마틱한 성공 스토리의 주인공이 많이 있습니다. 모두 성공에 대한 강한 의지와 열정, 분명한 목표의식과 치밀한 계획, 끈질긴 노력으로 성공을 이루어 낸 사람들입니다.

하지만 성공에서 노력과 열정보다 더 중요한 요소가 있습니다. 그것은 '섬김과 나눔'이라고 생각합니다. 다른 사람을 섬긴다는 것과 다른 사람과 나눈다는 것은 '복종'이나 '자선'이 아닙니다. 그것은 내 삶에 더 많은 즐거움을 누릴 기회를 만드는 것이고, 나 자신을 행복하게 만드는 기술입니다. 사람들은 홀로 성공하기 원하지만, 사실은 홀로 성공하는 사람은 세상에 없습니다. 성공한 사람들에게는 성공을 염원해 준 사람이 있고, 성공하는 데 기꺼이 도움을 준 사람이 있으며, 성공했을 때 함께 축하해 줄 사람이 있습니다. 이렇게 많은 사람들의 힘이 모여서 성공이 이루어지는 것입니다. 이것을 우주적 에너지의 결과물이라고 얘기할 수 있을 것입니다.

우리는 영화제나 연극제, 음악제 시상식에서 수상자들의 수상소감을 들을 기회가 있는데요. 그들의 수상소감을 들어 보면 이 말에 금방 수긍이 갈 것입니다. 대개의 수상자들은 보이지 않는 곳에서 큰 도움을 준 여러 스태프들과 제작진, 동료 출연진, 선배, 후배, 친구, 가족들의 이름을 일일이 거론하며 감사의 표시를 합니다. 나 하나로는 이 세상에 할 수 있는 일이 하나도 없습니다. 그렇기 때문에 다른 사람들이 필요합니다. 세상에는 내가 모르는 것을 알고 있는 사람, 내가 못 하는 것을 잘하는 사람, 내가 보지 못하는 것을 보는 사람, 내가 갈 수 없는 곳에 가는 사람, 내가 만날 수 없는 사람을 만나는 사람, 내가 열 수 없는 문을 여는 사람들이 많이 있습니다. 성공은 뛰어난 능력을 가진 한 사람의 힘만으로 이루어지지 않습니다. 세상에는 물리적으로 나 혼자 할 수 없는 것들이 너무도 많습니다. 성공하고 싶다면 먼저 내 주변 사람들, 내가 만나는 모든 사람들을 나의 성공을 위한 동반자와 동지로 만들어야 합니다. 그리고 동시에, 나 또한 내 주변 사람들의 성공을 위해 최선을 다하는 지지자, 동지가 되어 주어야 합니다.

오늘날 성공의 핵심은 튼튼하고 건강한 네트워크입니다. 사람과 사람 사이의 튼튼하고 건강한 관계가 성공을 좌우합니다. 여러 사

람들의 에너지가 적재적소에 모였을 때 비로소 성공의 씨앗이 발

아하기 시작합니다. 성공은 홀로 정상을 향해 나아가는 외롭고 고

독한 싸움이 되어서는 안 됩니다. 다른 사람들을 모두 제치고 혼자

정상에 올라선다고 한들, 그 꼭대기에서 내가 할 수 있는 일이라곤

내려오는 일뿐인 것입니다. 정상에서 환한 웃음을 웃어도 그 웃음

을 들어 줄 사람이 한 사람도 없다면, 나의 성공을 축하해 줄 사람

이 아무도 없다면, 성공이라는 달디단 열매를 나누어 먹을 사람이

한 사람도 없다면, 그러한 성공을 성공이라고 부를 수 있겠습니까?

그것은 성공이 아니라 우울한 고독으로 가득 찬 허울 좋고 음산한

성과일 뿐입니다. 모든 사람들이 내 성공을 질시하고 비아냥대고

손가락질한다면, 그러한 성공은 성공일 수 없습니다. 그것은 성공이

아니라 비참한 불행을 만드는 것입니다.

철강 왕으로 불리는 20세기 미국 최대의 부호 카네기는 "주변 사

람들을 부자로 만들지 않고서 부자가 되는 사람은 없다. 그러므로

만일 진정으로 성공하고자 원한다면, 먼저 주변 사람들이 성공하도

록 도우라. 당신이 가진 능력, 열정, 희망, 비전을 주변 사람들과 나

누어 보라. 그러면 사람들은 자기가 가진 에너지를 당신에게 나눠

줄 것이다."라고 말했습니다. 우리나라에서도 같은 말을 하는 재벌

과 최고 경영자들이 늘어나고 있습니다. 국내의 최고 경영자들에게

'나를 키운 한마디'가 무엇이냐고 물었더니, 자신을 만들어 준 가장 중요한 말로 '순망치한'(脣亡齒寒)이라는 고사성어를 가장 많이 택했다고 합니다. 이 말은 '입술이 없으면 이가 시리다.'라는 뜻인데요. 평소 주변 사람의 도움과 인연을 소중히 여기고 상호관계를 중시하는 것이 비즈니스의 기본이며, 자신에게 도움과 기회를 주고 밀어 준 주위 사람들이 많이 있었기에 오늘날의 자신이 존재할 수 있었다는 말입니다.

내가 누군가의 성공을 위해서 열심히 도와주는 것은 곧 나의 성공을 위해 도와줄 사람들의 숫자를 늘리는 것과 같습니다. 나를 위해 최선을 다해 줄 사람들을 원한다면, 내가 먼저 남을 위해 최선을 다해야 하지 않겠습니까? 사람을 사귈 때는 'give and take'가 아니라 'give and give'의 마음으로 사귈 필요가 있다고 생각합니다. 친구가 나에게 꼭 도움이 될 필요는 없습니다. 내가 항상 도와줄 수 있는 친구가 있는 것도 즐거움이 될 수 있습니다. 내가 준 만큼 내게 돌려줄 수 있는 사람을 만나려 애쓰지 말고, 나에게 받은 것을 또 다른 누군가에게 나눠줄 수 있는 마음을 가진 사람을 사귀는 것이 훨씬 우주적 에너지 원리에 가깝다고 생각합니다. 이것이 바로 열린 마음으로 사람을 사귀는 방법입니다. 나의 의지와 열정으로 누군가가 새롭게 희망과 용기를 얻게 된다면, 그것은 바로 나에게도 감사한 일이 될 것입니다. 재능이 있어도 그것을 제대로 발휘하고 펴볼 기회가 없는 젊은이들이 수없이 많습니다. 이들에게 자신을 긍정하고 자신감을 갖도록 교육하는 것은 성공한 리더나 성공하려는 사람들에게 모두 필요한 '섬김과 나눔'의 실천입니다. 우리는 서로에게 동지가 되어 줄 필요가 있습니다.

누군가에게 진심으로 도움을 줄 수 있고, 또 남들로부터 진심 어린 도움을 받을 수 있는 사람만큼 축복받은 삶도 없을 것입니다. 우리 주위를 한 번 살펴볼까요? 얼마나 많은 사람들이 나의 성공을 위해 애쓰고 있습니까? 그리고 나는 얼마나 많은 사람들의 성공을 위해 애쓰고 있습니까? 행운과 성공은 바로 그 사람들의 숫자만큼 이 세상에 존재할 것입니다.

순간을 즐기기

현재에 만족하지 않고 늘 새로운 꿈을 꿀 수 있다는 것은 생의 기쁨 중 하나입니다. 하지만 인생은 언제 어느 때든 내가 원치 않는 일이 터지거나 예상치 못한 방향으로 흘러갈 수 있습니다. 그런데 그때마다 '내가 가야 할 곳은 여기가 아닌데, 여기서 무너져선 안 되는데.' 하고 안타까워한다면, 우리 인생은 항상 불완전하고 불행한 것이 될 것입니다.

어느 일본인의 얘기가 생각납니다. 1978년 필자가 로스앤젤레스 지점장으로 있을 때 목격한 얘기입니다. 미국으로 이민 가서 로스앤젤레스에서 '스시 집'을 열어 크게 성공한 사람이 있었습니다. 그 집의 초밥과 우동은 맛있기로 유명해서, 동양인은 물론 미국인들 사이에서도 소문이 자자했습니다. 식당에 갈 때마다 넓은 홀에 빈 자리 하나 없이 손님들로 가득했고, 밖에서 줄을 서서 한참 기다리다 들어가 다른 손님들과 합석해야 겨우 자리에 앉을 수 있을 만큼 붐볐습니다. 그래도 음식이 너무 맛있고 주인도 아주 친절하고 예의가 발라서 늘 손님들의 칭찬을 받았습니다. 또한 장사가 너무 잘 되다 보니 금고를 열고 닫을 틈도 없이 돈이 쏟아졌고, 곧이어 훨씬 세련된 인테리어를 한 일식 집을 하나 더 열었습니다. 식당 주인은 매일 가게 양쪽을 오가며 주방을 관리하고 홀의 손님들에게 친절한 서비스를 하면서 하루하루 바쁘게 지냈습니다. 그는 수많은 이민자들의 부러움을 샀습니다.

그러나 사람들이 그의 성공을 부러워할 때마다 그는 아직 자신의 꿈은 다 이루어지지 않았다면서, 미국에서 '스시 집'으로 최고의 명성을 얻어 제일 좋은 일식 집 열 개쯤을 체인점으로 내는 것이 목표라고 말했습니다. 그러나 두 번째 가게를 연 지 채 1년도 되지 않아서 그는 48세의 나이에 폐암으로 세상을 떠났습니다. 주위의 모든 사람들이 충격을 받았고, 가족들의 슬픔은 이루 말로 표현할 수 없었습니다. 너무나 바쁘게 열심히 살아가다 보니 몸이 아픈 줄 몰랐고, 병을 발견했을 때는 이미 너무 늦었던 것입니다. 암 진단을 받고 석 달 만에 세상을 떠났으니, 그야말로 약 한 번 제대로 써보지 못하고 생을 마감한 것입니다.

많은 사람들이 그를 성공했다고 말했지만, 정작 본인은 아직 멀었다고, 달려가야 할 길이 아직 많이 남았다고 생각했습니다. 그는 교외에 좋은 집을 장만하고 좋은 차도 샀습니다. 언제나 새벽같이 집을 나와서 밤 늦게야 집에 돌아가야 했기 때문에, 집에서 느긋하게 쉴 여유와 여가를 전혀 가져 볼 수 없었습니다. 그는 늘 내일의 계획으로 마음이 바빴습니다. 미국에서 성장한 자녀들과 대화 시간도 거의 가지지 못했지만, 이름 있는 유명 사립학교에 다니는 것으로 위안을 삼았고, 나중에 더 많이 돈을 벌어 은퇴하면 자녀들과 더 많은 시간을 보낼 수 있을 거라고 생각했던 것입니다.

우리의 인생은 내일 무슨 일이 일어날지 모르고 사는 오늘의 인생 아닙니까? 만약 우리가 죽기 직전 생에 대해 너무 많은 것들이 아쉬움으로 남는다면, 진정으로 행복하고 풍요로운 삶을 살았다고 말할 수 있겠습니까? 진정으로 성공적인 인생이란 언제 어느 순간에 멈추어도 아쉬움이 남지 않는 삶이라고 생각합니다. 성공이란 일생에 단 한 번, 모든 과정이 다 끝난 뒤 맨 마지막에 오는 결과가 아니라고 생각합니다. 성공은 최후에 얻어 내는 목표가 아니라, 성공을 향해 나아가는 과정 그 자체라고 생각합니다. 내가 걸어가고 있는 한 걸음 한 걸음이 모두 즐거움이 되고, 그 길 위에서 춤추고 노래할 수 있어야 합니다. 지금 내가 원하는 어딘가를 향해 가고 있다는 사실 자체를 즐길 줄 알아야 하는 것이지요. 내일 당장 다리를 다쳐서 움직이지 못할 수도 있습니다. 그렇기 때문에 지금 이 순간에 기꺼운 마음으로 흥이 나서 걸어갈 수 있다는 것은 얼마나 멋 있는 일입니까? 그것이야말로 나에게 주어진 지극히 큰 축복 아닐까요? 성공을 향해 외길을 달리다 중도하차를 하더라도, 지금까지 나는 충분히 누렸고 너무나 즐거웠다며, 생에 감사의 인사를 보낼 수 있을 만큼 현재를 즐길 줄 알아야 한다고 생각합니다.

많은 리더들은 부하 직원들이 항상 완벽하게 해내길 바라곤 합니다. 늘 100%의 성공을 강조합니다. 또 지금은 회사가 어렵지만, 나중에 회사가 돈을 벌고 잘되면 더 잘해 줄 테니, 당분간은 백척간두에 있는 것처럼 참고 열심히 일하라고 독려합니다. 그런데, 회사에서 일하는 것이 늘 스트레스와 긴장, 인내와 끈기의 연속이어야 한다면, 그것은 누구도 기쁘고 행복하게 만들지 못합니다. 리더는 100%가 다 채워진 뒤에 축하할 생각을 하지 말아야 합니다. 매일매일 단 1%씩이라도 나아진다면, 나아질 때마다 기뻐하고 즐거워할 줄 알아야 합니다. 생의 과정을 즐기지 못하면 우리는 생의 기쁨을 누릴 수가 없습니다. 남들이 모두 성공했다고 말해도 자기자신은 여전히 미진하고 아쉽고 안타깝다면, 그것은 결코 성공이라고 말할 수 없을 것입니다. 우리는 지금까지 이룬 것에 연연해서도 안 되지만, 현재를 제쳐 두고 미래의 계획에만 몰두해서도 안 됩니다. 세상에 완벽한 성공이란 존재할 수 없습니다. 다만 매 순간을 즐기고 축하하는 삶, 순간순간의 성공만이 있을 뿐입니다.

우리는 목표 지향적으로 인생을 살아야 하지만, 자신이 현재 가지고 있는 것에 감사하고, 자신의 현재를 즐길 줄 아는 여유를 가져야 할 것입니다. 사업을 크게 벌여서 돈을 크게 벌고, 억만장자가 되려고 가정을 팽개치고, 가족을 돌보지도 못하고 각종 영양제에 건강을 맡긴 채, 밤낮 가리지 않고 일할 생각은 추호도 하지 마십시오. 여행은 은퇴 후에나 하고, 취미생활이나 여가를 즐기는 것도 은퇴 후에나 하고, 자녀들과 단란하고 즐거운 시간을 갖는 것도 은퇴 후에나 하고…. 그런 식으로 미룬다면 나의 행복은 그만큼 미루어질 것이고, 결국 죽는 순간까지 '행복한 현재'란 없을 것입니다. 한 가지 일이 끝나면 마음껏 축하하고, 1%라도 더 나아졌다면 마음껏 축하하고, 동료에게나 친구에게나 가족에게 경사스런 일이 일어나면 마음껏 축하하십시오. 오늘의 성공을 즐기십시오. 내일은 내일의 성공이 있습니다.

경영자 중심이 아닌 종업원 중심의 자발성과 능동성, 적극성을 개발하는 것은 기업의 발전과 성장에 중요한 디딤돌이 됩니다. 직원들과 순간 순간을 축하하며, 결과의 성공보다 과정의 성공을 더 많이 쌓아갈 수 있는 조직이 승리하는 조직입니다. 이러한 축하 분위기를 만드는 기업이 새로운 조직 문화를 만들어 나가는 기업입니다.

오늘을 축하하고, 지금 축하하고, 또 이 순간을 축하합시다. 순간의 성공을 즐기는 꼭 '필요한 직원'이 됩시다. 순간의 성공을 즐기는 꼭 '필요한 리더'가 됩시다.

이론과 실전

학생들이 도화지에 그림을 그리는 것을 본 일이 있겠지요? 백지에 집을 그리라고 하면, 대부분의 학생들은 지붕부터 그리기 시작합니다. 학생뿐만 아니라 모든 사람들이 마찬가지입니다. 그러나 실제로 현장에서 집을 지을 때, 지붕부터 집을 지을 수 있는 사람은 없습니다.

현장에서는 집터 다지기부터 하고, 그 다음에 주춧돌을 놓고, 그 다음에 기둥을 세우는 순서로 집을 짓습니다. 지붕부터 그리는 것을 이론에 비유하고, 터부터 다지는 것은 실전에 비유할 수 있습니다. 이론과 실전은 이렇게 차이가 큽니다. 리더는 이론보다 실전에 강해야 합니다. 조직을 운영하고 최대의 효과를 얻기 위한 경영 전략도 마찬가지입니다. 이론에만 귀를 기울이고 있다가는 큰 낭패가 눈앞에 닥쳐와도 느끼지 못합니다. 리더는 항상 현장 중심으로, 실전 중심으로 생각하는 습관을 길러야 합니다.

세계에서 가장 거대한 무대인 뉴욕에서 실시한 행정 사례를 얘기하겠습니다. 뉴욕 시의 줄리아니 시장은 취임하면서 현장 중심의 치안정책을 선택했습니다. 지금까지의 시장들은 모두 치안을 유지하기 위하여 강력범죄 소탕에 초점을 맞추었습니다. 그러나 그는 강력범죄는 뉴욕 시민이 직접 현장을 목격하지 못하고 언론이 보도해야만 알게 되는, 즉 일반시민과 거리감이 있는 범죄라는 데 착안을 했습니다. 살인, 폭력, 강간, 강도 같은 사건은 관련 당사자 외에는 일반 시민이 직접 현장을 확인할 수 없습니다. 때문에 그는 뉴욕 시민들이 일상생활에서 흔히 직접 볼 수 있고, 직접 느낄 수 있고, 언론의 보도 없이도 늘 알 수 있는 경범죄에 초점을 맞추기로 했습니다.

경범죄는 너무나 많았습니다. 그만큼 일반인들이 매일 사건, 사고의 현장을 목격할 수 있는 것들이었습니다. 쓰레기 무단 투기, 담배꽁초와 휴지 투기, 지하철 벽의 낙서, 전동차 안의 낙서, 무임승차, 신호위반, 주차위반, 길거리 취객 행위, 무단 걸식 행위, 허락 없이 자동차 유리를 닦아 놓고 돈을 요구하는 행위, 마약 중독자나 알코올 중독자들이 공공장소에서 '잡탕질'하는 행위, 십대들의 패싸움 행위 등을 근절하겠다는 결의를 다졌던 것입니다. 그는 경찰력을 총 동원하여 뉴욕에서는 어떤 경범죄도 용납하지 않겠다는 단호한 의지와 실행을 보여주었습니다. 그와 동시에 살인, 강간, 강도 등의 강력범죄에는 더욱 엄중한 처벌을 받게 될 것이라는 메시지를 확실히 전달했습니다. 뉴욕에서는 모든 규칙이 준수되도록 하고, 일반 시민들이 안심하고 안전하게 일상 활동을 할 수 있도록 하는 데 치안행정의 초점을 두었던 것입니다.

뉴욕은 세계에서 가장 큰 도시입니다. 하지만 세계에서 가장 불안한 범죄도시로 인식하는 사람들이 많았습니다. 그렇기 때문에 그가 사소한 범죄에 집중하여 강력하게 통제하겠다는 결의를 발표했을 때 뉴욕 시민들은 환영했습니다. 사실 1960년대에서 1990년대까지 뉴욕은 치안 분야에서 세계의 대도시 중 밑바닥 수준으로까지 추락을 계속하고 있었습니다. 그런데 줄리아니 시장의 뉴욕은 변화하기 시작했습니다. 드디어 뉴욕에서 착한 사람들이 주도권을 잡기 시작했습니다. 중요한 것은 삶의 질이 높아졌다는 것입니다. 시민들은 집 밖으로 나와 지역행사에 적극적으로 참여하게 되었고, 지역경제를 살찌우기 시작했습니다. 사실, 시민들은 멀리 떨어져 있는 강력범죄보다 생활 주변에서 일어나는 일상의 작은 경범죄를 더 두려워했던 것입니다. 강력범죄들은 언론보도가 있어야만 시민들이 관심을 갖지만, 경범죄들은 시민들이 매일매일 접하기 때문에 불평불만이 쌓일 수 있는 것들이었습니다. 뉴욕 시민들은 뉴욕 지방정부가 경범죄에 철퇴를 가하는 모습을 보고 강력범죄는 더욱 강력하게 대처할 것이라고 믿게 되었습니다.

뉴욕의 이러한 경찰 행정은, 그림을 그릴 때 '지붕'부터 그리는 이론과 '터' 고르기부터 하는 현장(실전)의 차이를 잘 알고 있는 리더가 아니면 생각해 낼 수 없는 실사구시적 행정이었습니다. 우리의 현실 생활에서 '법'과 '질서'는 다릅니다. 법을 수호하려면 각자 법을 어기지 않고 살아가면 됩니다. 매우 간단합니다. 그러나 도시와 국가와 기업의 질서를 유지하기 위해서는 모든 구성원들이 같은 규칙을 따라야 하며, 각각의 규칙이 똑같은 비중으로 공정하게 다루어져야 합니다. 예를 들면, '살인하지 말라'는 규칙과 '빨간 불일 때 도로를 건너지 말라'는 규칙은 동일하게 지켜져야 하는 것입니다. 하지만 '살인하지 말라'라는 규칙과 '빨간 불일 때 길을 건너지 말라'는 규칙을 동일시하기에는 무엇인가 극단적인 어려움을 느끼는 것이 사실입니다. 그럼에도 불구하고, 분명한 것은 이 둘 모두 사회적인 합의로 만들어진 같은 법이고 규칙이라는 점입니다. 그리고 이 중에서 하나를 어긴 사람은 다른 하나를 어길 확률이 매우 높다는 것입니다. 즉 '빨간 불일 때 길을 건너지 말라'는 규칙을 어긴 사람은 이런 사소한 규칙을 지키는 사람에 비해 '살인하지 말라'는 규칙을 어길 가능성이 높다는 것입니다. 이것은 심리적으로 검증된 사실입니다.

또 규칙은 장소에 따라 좀더 융통성 있게 적용될 수 있습니다. 미국의 뉴저지 주에서 보행순찰의 경찰 수를 늘렸을 때, 한 경찰관은 담당구역의 순찰에서 불문율을 집행하여 크게 성과를 본 일이 있습니다. 그가 집행한 불문율은 다음과 같은 것들이었습니다.

'술을 마시거나 마약을 한 사람은 현관 계단에 앉아 있을 수는 있으나, 누워 있을 수는 없다.'

'골목길 옆에서 술을 마실 수는 있지만, 큰 거리나 교차로에서는 술을 마실 수 없다.'

'술병은 반드시 종이봉지에 싸서 가지고 다녀야 한다.'

'버스 정류장에서는 사람들에게 시비를 걸거나 구걸하는 행위를 해서는 안 된다.'

'지하철 내에서 승객들에게 물건을 팔거나 구걸하는 행위를 해서는 안 된다.'

그 경찰관은 실제로 길거리에서 고성방가하는 십대들에게 조용히 하라는 명령을 했고, 특히 지하철, 버스 정류장에서 다른 사람에게 시비를 거는 사람들을 부랑죄로 체포하기도 했습니다. 이러한 규칙(불문율)들은 일반 시민들의 도움을 얻어 집행되었습니다. 그 지역에 사는 사람들이 모두 이해하는 그 지역만의 규칙들이기 때문입니다. 이러한 규칙들은 우리의 삶의 현장을 이해하는 사람들의 사소한 규칙입니다. 데스크에서 이론적으로만 집행하는 법이나 규칙에서는 찾아볼 수 없지만, 현장에서는 필요한 불문율입니다.

뉴욕은 경범죄를 막기 위해 꾸준히 노력한 결과 연간 2,200건에 달하던 살인범죄(강력범죄)가 매년 1,000건 이상 감소하는 쾌거를 이루었습니다. 뉴욕 시민들은 다시 그들의 도시가 살 만한 도시라고 생각하기 시작했습니다. 줄리아니 시장이 물러난 후에도 뉴욕은 범죄의 온상이라는 오명을 반복하지 않았습니다. 더 이상 뉴욕 거리의 경찰관들은 시민의 안위를 등한시하는 부패한 공무원이 아니라, 시민의 안전을 지키는 믿음직한 수호자가 되었던 것입니다.

이 같은 일은 비즈니스와 기업활동에서도 일어날 수 있습니다. 거대한 기업이 쉽게 무너지는 원인은 마케팅 계획이나 영업 전략의 잘못보다 사소한 고객 서비스의 잘못에서 비롯되는 경우가 훨씬 많습니다. 사소한 고객 서비스의 잘못은 높은 사람의 데스크에서 일어나지 않습니다. 전화 담당, 계산 담당, 창고 담당, 고객불만 담당, 일선영업 담당 등에서 일어날 수 있는 일입니다. 이러한 일은 직원들의 무관심 속에서 일어납니다. 그렇기 때문에 직원들이 자기 업무 이외에도 관심을 가질 수 있도록 배려하는 시스템이 필요합니다. 직원들이 예의 바르고 사려 깊게 행동하도록 회사의 정책으로 요구하고, 고객의 문제를 자신의 문제처럼 생각하도록 하는 현장감 있는 교육이 이루어져야 합니다. 그리고 개인적인 자발성이 부족하다면, 회사의 정책 때문에 이처럼 행동하지 않을 수 없도록 해야 합니다. 이것이 바로 직원들의 직급에 상관없이 경영자 입장에서 고객을 대할 수 있도록 하고 최고의 직원으로 일하게 하는 방법입니다.

오늘날에는 어느 회사를 막론하고 기업 자체의 홈페이지를 갖고 있습니다. 그러나 홈페이지의 소개와 실제의 모습이 다른 기업이 너무도 많습니다. 기업이 홈페이지를 운영하는 것은 고객에게 편안하고 즐거운 경험을 주기 위해서입니다. 그러나 링크가 제대로 작동되지 않고, 문의사항이나 불편사항 처리 과정이 간편하지 않으며, 새로운 사항이 업데이트되고 있지 않은 경우가 많습니다. 실제로 그런지 그렇지 않은지를, 리더는 고객 입장에서 확인해 볼 필요가 있습니다.

대부분의 기업 홈페이지가 일방적인 홍보 수준이며, 고객과 쌍방 커뮤니케이션을 할 수 있도록 운영 시스템을 만들지 못하고 있습니다. 화려한 홈페이지로 고객에게 허황된 기업 이미지를 심어 주거나, 홈페이지에 지킬 수 없는 약속을 올려놓거나, 실제보다 멋져 보이는 사진을 잔뜩 올려놓고 고객을 속이면 그 결과는 뻔한 것입니다. 이러한 모든 것은 사소한 일 같지만 기업 이미지에 큰 손상을 주고 맙니다. 고객은 이런 사소한 불편에 실망하고 때로는 분노를 경험하게 됩니다. 어떤 직원이 기업 이미지에 손상을 주었다면, 그것이 아무리 작더라도 그의 실수로 인한 여파는 기업 전체에 미치기 마련입니다. 직원도 인간으로서 약점이 있기 마련이고 실수도 할 수 있습니다. 실수 한번 한다고 무조건 퇴사시킬 수는 없습니다. 실수로부터 배우고 성장하는 직원이야말로 나중에 최고의 직원이 될 수 있기 때문입니다.

그러나 직원에 대한 관용은 합리적 수준을 넘어서면 안 됩니다. 이점은 매우 중요합니다. 여러 조직에는 자신의 임무를 수행하지 못하는 직원이 숨어 있을 수 있습니다. 직원에게 문제가 있을 때 리더는 곧바로 문제점을 지적해 주어야 합니다. 문제를 지적해 주지 못하는 조직은 곧 모두 공멸할 수밖에 없습니다. 문제점을 지적 받은 직원은 수긍하면서 앞으로는 잘하겠다고 약속하겠지요. 그러나 어느 직원은 변명이나 핑계를 앞세우며 자신의 잘못이 아니라고 우길 수도 있습니다.

- 나아지지 않고 같은 실수를 반복하는 직원

- 고객에게 무관심하고 무성의한 직원

- 항상 핑계를 주워 대며 자신의 잘못을 인정하지 않는 직원

이런 직원들이 회사에 꼭 끼어 있게 마련입니다. 기업은 아무리 돈이 지천으로 많아도 이런 직원들에게 봉급을 주어서는 안 되겠지

요. 회사를 그만두게 해야 합니다. 그것이 그런 문제가 재발되지 않도록 막을 수 있는 유일한 방법입니다.

한편, 수많은 대기업들이 직원 교육을 강조합니다. 동기부여와 고객 서비스에 대해 전문가를 불러 강의를 듣고, 작업실이나 집무실 또는 판매장 곳곳에 그 내용을 게시해 놓습니다. 고객에게 친절하고 정확하며 신속한 서비스를 약속하는 문구를 적어 현수막을 걸쳐 두거나, 표어 등으로 만들어 잘 보이는 곳에 액자를 걸어 둔 기업도 많이 있습니다. 어떤 기업은 엘리베이터나 화장실에까지 표어를 붙여 놓고 직원들이 볼 수 있도록 하고 있습니다. 그러나 그뿐입니다. 현실에서 얼마나 실행되고 있는지는 아무도 알려고 들지 않습니다.

이러한 문제들은 사소한 것 같지만, 실은 아주 큰 문제들입니다. 왜냐하면 무관심을 유발하는 대표적인 사실이기 때문입니다. 리더는 '이론'과 '실전'의 차이를 극복하는 지혜를 발휘해야 합니다.

숫자와 가치

저는 제주도 감귤을 매년 몇 상자씩 농장으로부터 받고 있습니다. 상자를 열고 위에서부터 꺼내 먹다가, 맨 밑에 있는 귤이 썩어 있는 것을 발견할 때가 한두 번이 아닙니다. 귤 하나가 썩으면 옆에 있는 귤도 썩어 버리더군요. 그렇기 때문에 상처가 난 귤은 아예 처음부터 상자에 넣지 말아야 하는 것입니다. 상자에 썩은 귤 하나가 들어 있으면 전체가 물러터져 버립니다.

회사 내에서도 마찬가지입니다. 게으르거나 신용이 없거나 다른 사람을 해코지하는 한 사람 때문에 조직 전체의 분위기가 망가집니다. 감귤업자가 썩은 귤을 내버려두는 것과 기업의 리더가 썩은 직원을 내버려두는 것은 같은 결과를 초래합니다. 한 명의 썩은 사람은 기업조직에 치명상을 입히는 지뢰가 될 수 있습니다. 그런 사람이 두세 명만 되어도 조직원의 상호 신뢰와 사기는 뚝 떨어집니다. 협력성과 신속성을 바탕으로 하는 건전한 경쟁은 도저히 불가능합니다. 당연히 일할 맛이 전혀 나지 않는 3류 회사로 전락해 버립니다.

리더는 기업의 구성원들에 대하여 두 가지 기준으로 평가할 수 있습니다.

하나는 숫자로 평가하는 것이고, 또 하나는 가치로 평가하는 것입니다. 숫자는 실적입니다. 가치는 도덕성, 윤리성, 가치관입니다. 숫자는 명료한 개념인 데 반하여, 가치는 뜻이 고상한 개념입니다. 가치를 다른 말로 표현하면, 모든 조직 구성원의 생각, 태도, 행실을 말합니다. 구성원의 생각, 태도, 행실이 확실한 가치관, 즉 도덕성, 윤리성에 서 있어야 하는 것을 지칭합니다.

어쨌든 숫자와 가치를 기준으로 구성원을 나누면 크게 네 가지 부류로 나눌 수 있습니다. 첫 번째 유형은 행실도 좋고 실적도 좋은 유형입니다. 두 번째 유형은 행실도 나쁘고 실적도 나쁜 유형입니다. 세 번째 유형은 행실은 좋은데 실적은 나쁜 유형입니다. 네 번째 유형은 행실은 나쁜데 실적은 좋은 유형입니다.

문제의 유형은 두 번째와 네 번째라는 것을 금방 아시겠죠? 바로 '썩은 감귤'입니다. 누가 회사 내에서 이런 사람인가는 쉽게 알 수 있습니다. 경영자라면 두 번째 유형의 사람을 당연히 회사에서 내보내는 데 주저하지 않을 것입니다. 세 번째 유형의 사람에게는 한두 번 더 기회를 부여하는 것이 좋습니다. 그러나 네 번째 유형의 사람에 대하여 처분을 주저하는 경영자가 있을지도 모르겠습니다. 하지만 네 번째 유형의 사람은 더 위험한 '썩은 감귤'입니다. 좋은 실적을 자랑하지만 행실이 나쁜 임직원은 비열하고 음모적이며 아첨꾼임에 틀림없습니다. 그들은 윗사람 앞에서는 알랑방귀를 뀌고, 아랫사람에게는 천하폭군으로 행세합니다. 실적을 내기 위해 '썩은 감귤'의 나쁜 행실을 눈감고 넘어가면 절대로 안 됩니다. 좋은 실적을 내기 때문에 조직의 밑거름이라고 착각한다면 리더로서의 자격이 없습니다.

'나쁜 행실이 좋은 실적'은 조직의 밑거름이 아니라 조직의 암적 존재입니다.

가차없이 제거해야 합니다. 가지치기 하는 가위 정도가 아니라, 전기 톱으로 잘라내듯이 신속하고 확실하게 처리해야 합니다. '썩은 감귤'을 말끔히 제거하는 회사는 비즈니스를 건강하게 할 뿐 아니라 회사의 조직을 건강하고 튼튼하게 해주기 때문입니다.

리더는 이익을 얻을 때는 의로움(옳음)을 먼저 생각해야 합니다. 의롭지 않은 이익은 크면 클수록 회사를 한 순간에 무너뜨리는 핵

폭탄이 되어 돌아옵니다.

'견리사의'(見利思義)는 모든 거래의 원칙입니다. 의로움을 토대로 거래를 하고, 이윤이 남지 않는 장사는 하지 말아야 합니다. 공자는 첫 번째 제자 자공에게 '견리사의'의 원칙을 가르쳤고, 자공의 거래 원칙은 19세기 중국 최대의 거상 호설암에게 이어졌습니다. 오늘날 14억 중국인이 가장 존경하는 '장사의 신'이라 불리는 사람이 바로 호설암입니다. 호설암은 절대 남을 속이지 않았습니다. 그는 이익과 신의, 성실, 정의, 정직을 바꾸지 않았습니다. 호설암은 상인이면서 청나라 최고의 관직인 일품 벼슬에 올라 '홍정상인'이라는 별칭을 얻었습니다. 오늘날 인류의 삶을 책임지고 있는 자본주의 체제에 살고 있는 리더들은 한시라도 '견리사의' 정신을 잊어서는 안 됩니다. 기업활동에서 이보다 더 중요한 단어는 없습니다. 기업의 임직원들은 철저하게 '견리사의' 정신을 습득해야 합니다.

어떻게 해야 할까요? 회사의 모든 구성원들에게 도덕성과 윤리성을 구체적이고 공개적으로 강조하고, 좋은 행실의 임직원을 높이 평가하며 공개적으로 칭찬해야 합니다.

가치 좋은 실적이 최고의 실적입니다.

통계와 분석

기업의 최고 경영자는 통계 자료와 컨설팅 회사의 분석 자료를 자주 접하게 되고, 그것에 의존하는 습성을 갖고 있습니다. 이러한 자료는 중요합니다. 그러나 더 중요한 것은 이러한 자료가 주는 한계에서 벗어나려는 경영자의 직관력을 키우는 일입니다.

기업의 규모가 크든 작든 지속적인 경쟁력을 부여하는 것은 '창조적 아이디어'입니다. 고객을 끌어들일 수 있는 차별화된 가치, 특별한 제품, 독창적 서비스는 모두 창조적 아이디어의 산물입니다.

기업 경영에 조언을 해준다는 컨설팅 회사의 보고서에는 전략에 관한 얘기가 많습니다. 또 대부분의 전략 보고서는 너무나 복잡합니다. 우주선이나 로켓 공학을 연상시킬 정도로 엄청난 통계수치와 분석자료가 동원되어 있습니다. 하지만 그러한 자료에 빠지기 시작하면 통계를 위한 통계, 분석을 위한 분석이라는, 자료의 함정에서 헤어나기 어려워집니다. 그리고 그런 방법론을 모두 적용하려면 많은 돈과 시간과 인력이 필요합니다. 거대기업에서는 한 번 해볼 수 있는 일일 수도 있겠습니다만, 인력과 돈과 시간이 부족한 대부분의 기업에서는 언감생심 실행하기 꽤 힘든 일입니다. 괜한 수고는 하지 마십시오. 시나리오와 디테일에 몰입하면 할수록 더 미궁에 빠지고 맙니다. 한 번 더 강조하지만, '창조적 아이디어'만 있으면 됩니다. 전략이라는 것은 시장의 변화를 만들어 나가는 대강의 과정을 설정하는 작업에 불과합니다. 그 작업은 딱딱하고 엄격한 전략에서 나오지 않습니다. 자연스럽고 생동감 넘치는 구성원의 사기에서 넘쳐 나오는 것입니다. 대기업이든 중소기업이든 전략이란 대개 다음의 핵심 질문에 대한 답변이라 할 수 있습니다.

① 시장은 어떤 상황인가?

② 경쟁 회사의 형편은 어떠한가?

③ 우리의 현 위치는 어떠한가?

④ 우리가 지금 고민하고 있는 것은 무엇인가?

⑤ 이러한 모든 환경을 고려했을 때 우리의 성공 포인트는 무엇인가?

구성원의 사기가 충천한 기업 문화를 지닌 회사에서는 경영학계의 학술 교재나 컨설턴트의 분석 보고서는 필요 없습니다. 우리에게 필요한 것은 함께 일하고 있는 우리 직원들입니다. 회사와 함께하는 큰 꿈을 가지고 있고, 열정적으로 토론하며 역동적인 액션 플랜을 만들어 낼 직원들이 필요할 뿐입니다.

우리가 세운 전략을 실행에 옮길 시간이라고 가정해 볼까요? 직원이 100명 내외인 중소기업이나 직원 1000명 내외의 중견기업의 경우, 전 임직원이 전략을 공유하고 열정에 불을 붙여 똘똘 뭉치도록 하기가 쉽습니다. 일단 전략에 들어가기만 하면 이런 회사는 마치 작은 모터보트처럼 빠른 속도로 방향을 설정할 수 있습니다. 방향 수정도 빠르게 할 수 있습니다. 회사의 조직이 전세계에 걸쳐 있는 거대기업보다 방향을 설정하고 수정하기가 훨씬 유리합니다. 중소기업이나 중견기업은 더 빨리 종업원을 고용할 수 있으며 의사결정도 신속하게 내릴 수 있습니다. 거대조직이 갖고 있는 관료적인 장애물이 적기 때문입니다. 실수를 발견하는 것도, 그것을 바로잡는 것도 덩치가 큰 거대기업의 경쟁사보다 빨리 할 수 있습니다.

하지만 규모가 작은 것이 마냥 좋은 것만은 아닙니다. 중소기업은 자원이 부족하기 때문에 판단이 정확해야 합니다. 거대기업은 약간의 실수나 판단오류를 감수할 여력이 좀 있지만, 중소기업은 단 하나의 작은 실수로도 망할 수 있습니다. 따라서 중소기업은 수준 높은 액션 플랜을 갖고 있어야 합니다. 자신의 장점과 단점을 명확하게 파악하고 있어야 합니다. 가치 있는 아이디어, 특허를 받은 아이디어, 남들에게 없는 뛰어난 기술, 비용을 획기적으로 줄일 수 있는 생산공정, 남들과 다른 특별한 서비스 기법 등이 필요한 것입니다.

　고객을 끌어들일 수 있고 고객을 지속적으로 유지할 수 있는 것이라면 무엇이라도 좋습니다. 어느 기업이라도 그 점을 확실하게 할 수만 있다면 큰 성공을 거둘 수 있습니다. 방대한 프레젠테이션 자료, 컨설팅 리포트, 눈을 현란하게 하는 그래프, 머리에 쥐가 나도록 만드는 복잡한 통계와 분석자료가 없어도 크게 성공할 수 있습니다. 중요한 것은 최고 경영자뿐만 아니라 그 기업에 근무하는 임직원들의 직관력과 '창조적 아이디어'입니다.

조직과 사기(士氣)

사기(士氣)를 아시죠?

사기는 조직의 생명력과 활력을 부추기는 동력입니다.
사기가 죽으면 조직이 죽고, 사기가 살면 조직이 삽니다.

그러나 사기는 아주 개인적인 것입니다. 원래 '사'는 선비를 말하고, '기'는 선비의 기개, 즉 선비정신을 말합니다. 따라서 선비정신이 살면 조직이 살고, 선비정신이 죽으면 조직이 죽는 것을 말합니다. 어쨌거나 사기는 조직의 주춧돌이고 대들보임에 틀림없습니다.

리더는 직원과 조직의 사기를 살리기 위하여 성의 있는 아이디어를 제공할 줄 알아야 합니다. 형식적인 회식이나 등산모임 같은 것은 이제 식상하고 심드렁해지는 구식에 지나지 않습니다. 직원들 스스로 준비하는 미니 이벤트를 꾸미는 것도 한 방법입니다. 모두가 자발적이고 적극적으로 참여하는 이벤트를 꾸미는 일에 익숙해지면, 사람들은 보다 쉽고 빠르게 서로 가까워질 수 있습니다. 이렇게 개인적으로 쌓인 친밀감과 호감은 일을 하는 데도 긍정적인 영향을 미칩니다. 서로를 알고 이해하며 어떻게 대화해야 하는지를 파악한 직원들끼리 업무를 분담하면 효율도 배가됩니다. 리더는 구성원들이 참여하는 과정 자체를 즐기고, 그것을 통해 서로를 자연스럽게 알아갈 수 있는 미니 이벤트를 자주 마련하는 것이 좋습니다.

모든 구성원들이 서로의 장점을 찾아내서 칭찬의 메시지를 보내게 하는 것도 한 방법이죠. 직원들에게 백지를 나누어 주고 동료들에 대해 한 마디씩 짧게 칭찬을 적어서 내도록 하는 것입니다. 칭찬이 적힌 익명의 쪽지들을 봉투에 넣어 해당 직원에게 배부하는 것입니다.

"○○○은 언제나 미소 띤 얼굴을 하고 있어서 보기가 좋아요."

"○○○은 목소리가 듣기 좋아요."

"어쩜 그렇게 협조적이죠? 나도 본받고 싶어요."

"비 오는 날 커피 한 잔 나누고 싶어지는 그대여!"

직원들은 자신에게 전달된 그 칭찬 쪽지들을 열어 보며 스스로는 몰랐던 자신의 장점을 확인하면서 뿌듯해지고, 또 누가 이런 칭찬을 내게 했을까 하고 추측해 보는 즐거움도 갖게 됩니다. 누군지는 모르지만 자기의 장점을 발견하고 자신을 칭찬해 주는 사람이 같은 직장에 있다는 것은 얼마나 기분 좋은 일입니까? 사람은 기분이 좋을 때 행복감을 느낍니다. 직장에서 일하면서 행복감을 느낄 수 있다면 그 직원의 사기는 올라갈 것이 틀림없고, 그런 구성원을 가진 조직의 사기는 펄펄 살아 움직이게 되는 것입니다. 펄펄 살아 움직이는 즐거운 조직을 가진 리더는 행복합니다.

조직은 조금만 방심하면 쉽게 경직됩니다. 왜냐하면 조직은 본질적으로 체계화되기를 원하고 강한 질서를 지향하기 때문입니다. 굳어진 회사조직은 직원들을 경직되게 만들고 회사 분위기를 딱딱하게 하여 개인주의와 팀 이기주의가 판을 치게 만들어 버립니다. 리더는 회사 분위기가 굳어지기 전에 회사조직에 마사지를 해주어야 합니다. 회사 분위기를 하기애애하게 해주는 재미나는 **이벤트**를 도입하거나, 즐거운 회사를 만들기 위하여 새로운 아이디어를 지속적으로 끌어내고 실천해야 합니다. 예를 들면, 화장실에 유머 보드를 걸어놓는 것도 한 방법입니다. 모두가 자주 드나드는 화장실이나 식당에 재미있는 유머나 가슴에 와 닿는 좋은 문장 등을 직원들 스스로 적게 하는 것입니다. 회사의 관리직이 만들어 걸어 두는 보드가 아니라, 직원들 스스로 만들어 걸게 하는 것이 중요합니다. 이러한 사소한 노력은 똑같은 일과가 반복되는 회사 생활에 활력을 불어넣어줄 것입니다. 직원들에게 즐거운 회사를 만들어 주기 위해 회사의 규모, 업무 환경, 작업 환경, 업무 내용, 작업 내용에 따라 즐겁게 일할 수 있는 자극을 줄 필요가 있습니다.

리더는 가끔 격려의 메시지를 직접 손으로 써서 직원들의 파일에 끼워 주는 성의를 갖도록 해야 합니다. 직원들이 일하는 작업장이라면, 사탕이나 초콜릿을 책상 서랍에 넣어 준다거나 천 원짜리 지폐를 여기저기 숨겨 놓아 찾게 하는 것도 한 방법입니다. 냉소적이며 부정적인 사람은 이런 게 무슨 큰 효과가 있을까 의심할지 모르지만, 이런 작은 것들이 회사 분위기를 크게 바꾸어 놓습니다. 예기치 못한 순간에 등장한 카드, 초콜릿, 작은 지폐 한 장이 사람들 사이에 웃음을 만들고, 그 웃음은 조직 내에 활력을 심어 줍니다. 이런 시도와 노력은 연말에 한 번 주는 보너스보다 훨씬 의미 있습니다. 일년 내내 직원들에게 즐거운 조직 분위기를 선사해 주는 부드럽고 시원한 신바람 같은 것입니다.

자율 근무제와 권한 이양

직원들이 스스로 알아서 근무시간을 정하도록 하는 자율 근무제를 채택하는 기업이 있습니다. 또 직원들이 재량권을 가지고 다양한 실험을 할 수 있도록 하는 기업도 있습니다. 예를 들면 '구글'은 직원들이 원하는 시간에 출퇴근하고, 일주일에 하루 정도는 개인적으로 관심 있는 프로젝트를 하도록 권하고 있습니다. 평소에 직원들 개개인이 "이렇게 해보면 어떨까?" 하고 생각했던 것을 한번 실험해 보도록 해서 혁신적인 아이디어를 개발하게 하는 것이지요.

이런 유연한 근무 시스템은 조직의 예측 가능성을 떨어뜨릴 위험을 안고 있지만, 빠르게 성장하는 기업이라면 충분히 시도해 볼 만한 가치를 지니고 있다고 생각합니다. 자유근무 시간제는 직원들에게 회사에 얽매여 있다는 생각을 주지 않기 위해 미국의 실리콘 밸리에 있는 벤처 회사들이 실험적으로 도입한 근무 시스템이었습니다. 그러나 그런 시스템을 도입한 회사의 성장과 순이익 증가율이 높아지기는커녕 더 낮아지기 시작했을 때, 많은 벤처 기업들이 일반 회사들처럼 정시 출퇴근제로 바꾸었습니다. '구글'처럼 회사가 설립된 지 얼마 되지 않고 매출과 순이익이 빠르게 늘고 있는 경우라면 자율근무 시스템을 실시해도 괜찮겠지요.

그러나 일선에서 근무하는 직원들에게 재량권을 많이 주는 문제는 근무시간을 유연하게 하는 것과는 매우 다른 일이라고 생각합니다. 경영학 교수나 컨설턴트 들은 되도록이면 부하에게 권한을 대폭 이양하라고 말합니다. 그러나 실제 경영 현장에서는 상사가 부하에게 권한을 대폭 넘겨주는 일이 말처럼 그렇게 쉽지 않습니다. 경영학 교수나 컨설턴트 들이 이론을 세워서 조언해 주는 것은 현장의 실정을 반영해서 한 것이라기보다는 책상에서 생각해 낸 것으로서 과장된 주장일 때가 많습니다. 실제로 일반 기업현장에서 권한은 균등하게 배분되어 있지 않습니다. 권한은 직원들이 먼저 성과를 보여주었을 때 얻어 낼 수 있기 때문입니다.

기업의 최고 경영자는 임직원이 작은 프로젝트를 성공적으로 마치면 좀 더 큰 프로젝트를 믿고 맡깁니다. 이 프로젝트를 성공적으로 끝내면 더 큰 프로젝트를 맡기면서 더 많은 권한을 주는 형태가 됩니다. 그러니까 어디까지나 실적에 상응하는 권한을 부여하는 것이지요. 필자는 현업에서 업무를 추진할 때 상사로부터 지시 받은 일은 정확하고 최대한 빨리 처리하여 결과를 보고했습니다. 상사가 예상한 시간보다 항상 빨리 결과를 보고하곤 했습니다. 그러니까 그 다음 번에는 더 많은 재량권이 부여되어 왔습니다. 실적과 재량권(권한)은 비례하는 것입니다. 필자가 CEO가 되었을 때 부하 임직원에게도 실적에 상응하는 권한을 부여했습니다. 상사가 부하 직원에게 권한을 이양하기란 말처럼 쉽지 않습니다. 확실한 성과를 내는 직원에게는 권한이 이양될 수 있지만, 뚜렷한 실적도 없는 직원에게 권한 이양은 이루어지지 않습니다.

기업의 최고 경영자는 최선을 다했으나 실패한 임직원이나 팀을 격려하기 위해 회식을 마련하기도 합니다. 그런 자리에서 리더는 말합니다.

"실패란 병가지 상사라는 말이 있습니다. 리스크를 무릅쓰다가 실패한 여러분은 용기를 잃지 말고 한 번 더 분발해 주십시오."

하지만 말은 그렇게 해도 실제로는 실패한 개인이나 팀에게 주는 권한이 줄어들게 마련입니다. 조직이 큰 대기업이나 규모가 작은 중소기업이나, 기업은 비용만 뒤집어쓰면서 이익이 없는 '위험'을 무릅쓰기 싫어하는 속성을 가지고 있습니다. 한 번 잘못하면 만만찮은 비용이 물거품이 되어 버리니까요. 수천만 원 또는 수억 원이 허공으로 사라지고, 큰 실수의 경우에는 기업의 생존에 문제가 생기기 때문입니다. 그렇기 때문에 대부분의 큰 결정은 수뇌부에서 이뤄지는 것이 상례입니다.

회사의 역사가 오래되지 않고 오히려 갓 창업한 신생 기업에서는 모든 것을 걸고 한 가지 아이디어에 전력투구해 볼 수도 있습니다. 이것은 본격적인 조직과 뼈대를 갖춘 기업에서는 도저히 도전하지 못할 일이지요. 회사가 뼈대를 갖추기 전이니까 유연하게 도전해 볼 수 있는 경우이지요. 현실에서는 이러한 역설적인 현상도 발생할 수 있습니다.

그러나 대부분의 기업은 일선 실무자들에게 권한을 대폭 넘겨줘야 회사가 제대로 발전할 수 있다는 점을 잘 알고 있으면서도, 실제 현장의 태도와 행동에서는 그렇게 하지 못합니다. 회사가 처해 있는 형편에 따라 권한 이양은 차별화될 수밖에 없는 것입니다. 권한 이양이 잘 안 되는 현실적 이유에 동감하십니까?

권한을 아래로 분산시키지 않는 기업 조직은 규모를 키울 수 없습니다. 현재의 조직 규모에 만족하는 조직은 더 클 수가 없는 것이죠. 현재의 조직 규모를 극대화해서 그것을 제대로 활용해야 기업은 더 성장합니다. 규모를 제대로 활용하는 최선의 방법은 가능한 한 많은 조직 구성원이 재량권(권한)을 갖고 적극적으로 참여하게 하는 것입니다. 그렇기 때문에 경영학 교수나 경영 컨설턴트의 조언이 마냥 틀렸다고 일축해 버릴 수는 없습니다. 권한은 아래로 분산할 수 있으면 더 좋은 것입니다. 직원들에게 권한을 대폭 이양하고 자유롭게 일할 수 있게 해서 매출을 올리고 순이익을 더 확보할 수 있는 조직을 가진 기업만이 권한 이양의 이점을 향유할 수 있습니다. 하지만 문제는 구성원의 자질입니다. 직원들이 스스로 도덕적 '셀프 리더십'을 가지고 윤리적 행동을 할 수 있느냐 하는 것입니다. 도덕적이고 윤리적인 조직 문화를 가지는 것은 모든 직원들이 권한 이양을 받을 수 있는 자질을 가진다는 것을 의미합니다. 일에 대한 전문성과 능력은 그 다음의 문제입니다.

최고 경영자는 도덕적 리더십에 관심을 가져야 합니다. 도덕적 리더십이란 리더의 윤리적 행동뿐 아니라 직원들에게 윤리적 행동을 독려하고 윤리적 조직 문화를 만들어 내는 것을 말합니다. 오늘날 대부분의 기업조직은 윤리규범 및 준법감시 프로그램을 갖추고 있습니다. 윤리규범은 규칙과 기대사항을 명시할 수 있고, 기준을 세우며, 책임 있는 이미지를 내외에 전달해 줄 수 있습니다. 뿐만 아니라 조직의 윤리관을 높여 주어서 부정행위를 예방하고, 신뢰를 증진해 주며, 무임 승차자들을 막아 주는 역할을 할 수 있습니다.

최고 경영자의 윤리적 실천의지는 직원들에게 도덕적 본보기가 됩니다. 직원들은 상사로부터 무엇이 적절한 행위인지에 대한 단서를 얻기 때문입니다. 따라서 리더가 이익 못지않게 원칙을 중시하느냐 하는 여부는 직원들의 행동에 큰 영향을 미칩니다. 리더의 말과 태도, 행동의 일관성은 직원들에게 도덕적인 메시지를 전달하는 데 매우 중요한 역할을 합니다. 아무리 훌륭한 사명선언문, 윤리규범을 만들었다고 해도, 중요한 정보를 직원들과 공유하지 않거나, 반대 의견을 일방적으로 묵살하거나, 승진에 차별을 두거나, 조직에 도움이 되지 않는 보상 체계를 고집하거나, 최고 경영자가 사익을 채우기 위해 애쓰는 모습이 조금이라도 보인다면, 모든 것은 하루아침에 허물어질 수 있습니다.

최고 경영자가 도덕적 리더십을 발휘하기 위해서는 도덕적인 문제에 대한 의견이나 부정행위를 사내에서 보고하는 이들을 위해 안전 지대를 확보해 주는 데 앞장서야 합니다. 그렇게 함으로써 차후 사외적인 고발을 통하여 발생할 수 있는 막대한 비용을 사전에 차단할 수 있게 됩니다. 결국 출퇴근 자율 근무제나 권한 이양 문제는 조직 문화의 도덕적 윤리성과 깊은 관련이 있습니다.

부하의 자존심 챙기기

"부하는 상사를 3일 만에 알고, 상사는 부하를 아는 데 3년이 걸린다."라는 말이 있습니다. 부하는 상사를 알기 쉽지만, 상사는 부하를 알기 어렵다는 말로 이해할 수 있습니다. 먼저 맥아더 장군이 부하를 대할 때 세운 원칙을 소개합니다. 장군은 매일 아래와 같은 질문을 자신에게 해보았다고 합니다.

- 나는 부하를 괴롭히는 사람인가? 아니면 부하들에게 힘을 주고 용기를 주며 희망을

  북돋아 주는 사람인가?

- 나는 내 개인적인 일로 부하에게 화를 내는 사람은 아닌가?

- 나는 내 부하들이 나를 따르고 싶은 마음이 들도록 행동하는 사람인가?

- 나는 내가 해야 할 일을 부하에게 떠맡기지는 않는가?

- 나는 내가 모든 것을 직접 처리하면서 부하에게 일을 위임하는 것을 꺼리지 않는가?

- 나는 부하들의 개인적인 복지에 관하여 내 가족처럼 관심을 가지는가?

- 나는 부하들에게 차분한 목소리로 신뢰감을 줄 만한 태도로 얘기하는가?

- 나는 품격, 의복, 예의, 태도, 행동 등에서 부하들의 모범이 되고 있는가?

- 나는 내 상관에게 친절하고 부하들에게 야비하지 않은가?

- 나는 내 방 문을 부하들에게 열어 두고 있는가?

- 나는 내 일 자체보다 내 지위에 연연해 하지는 않는가?

조직 속에서 일을 하다 보면 업무 과정에서 감정이 발생할 수 있습니다. 뿐만 아니라 가정에서 발생한 감정을 제대로 추스르지 못하고 출근하여 업무 과정에 연결되는 경우도 배제할 수 없습니다. 이런 경우에 리더는 스스로 감정 조절을 당연히 잘 '경영'해야 합니다. 왜냐하면 한 기업의 생산성이나 창의성을 야금야금 갉아먹거나 조직의 따뜻한 기능을 해치는 일이 발생한다면, 그것은 바로 리더의 '감정 부주의' 탓일 가능성이 매우 크기 때문입니다. 이런 문제는 부하들이 알아서 잘 해결할 것이라며 그냥 내버려두어서는 안 됩니다. 또 리더가 그냥 방치한 부하 직원이 어떤 심각한 문제에 빠지게 되는지 알기 위해 사내에 '몰카'를 설치해서 알아볼 수도 없는 일입니다. 기업조직의 입장에서 보면 사무실의 불건전한 감정은 더욱 불건전한 감정을 불러오기 마련입니다. 그렇기 때문에 리더는 '감정관리'를 잘해야 할 이유가 생기는 것입니다.

조직에서 발생할 수 있는 불확실성을 없애고 창조적인 자극을 이끌어 내기 위해서는 감정관리 분야에서 리더의 적극적인 실행이 필요합니다. 물론 리더는 부하 직원 개개인의 시시콜콜한 이력을 모두 파악하고 있지는 못합니다. 그러나 대부분의 기업에서 리더는 자신이 생각하는 것보다 훨씬 많은 정보를 얻고 있습니다. 기업조직의 불확실성을 경감시키고 없애기 위해서 되도록 부하 직원과 많은 정보를 교환하는 것이 좋습니다. 리더로서 부하에 대한 평가에 대해서도 일일이 알려주는 것이 도움이 됩니다.

조직이 창의성을 가지려면 새로운 전환점을 찾기 위한 열정이 필요합니다. 열정 없이는 기업조직의 활력을 기대할 수 없기 때문이지요. 때문에 기업의 최고 경영자는 회사의 미래 방향에 대해 정확한 사실이나 목표의식을 부하에게 심어 줄 의무가 있습니다. 진정한 열정은 무엇을 이루어야겠다는 목표의식에서 생겨납니다. 대부분의 직원들은 출근부에 사인하기 위해 기계처럼 출근하는 게 아닙니다. 직원들은 회사에서 자기 삶의 의미와 존엄성을 찾고 싶어 합니다. 이러한 직원들의 마음을 짚어 낼 수 있다면 리더가 할 수 있는 일은 분명해집니다. 지금 직원들이 하고 있는 일, 업무, 연장근무, 야근 노력이 자신이 속해 있는 조직, 사회, 나아가 인류에게 얼마나 많은 도움이 되는지 알려주는 것입니다.

일년에 한 번씩 시무식에서 연설하는 것으로 만족해서는 곤란합니다. 직원들과 만날 때마다 이런 기회를 만들어야 합니다. 주차장, 현관, 복도, 엘리베이터 등에서도 이런 기회를 만들어야 합니다. 가

급적 대화, 소통을 많이 하는 리더가 되어야 합니다. 직원들은 간단하고 짧은 말 한 마디에도 사기가 올라갈 수 있습니다. 그러면 직원들은 지신도 리더와 함께 일하고 있다는 자부심을 갖게 됩니다. 이런 일들이 바로 직원들의 마음을 리더에게 붙잡아 두는 역할을 합니다. 리더는 직원들의 자존심을 챙겨 주는 불침번이 되어야 합니다. 직원들에 대한 리더의 관심은 조직의 생명과 질서에 생기를 불러일으키는 호흡과 같은 것입니다.

무신불립(無信不立)

작은 조직이거나 큰 조직이거나 간에, 조직사회에서 구성원 상호 간의 신뢰는 그 조직의 자본입니다. 신뢰는 그 조직의 경쟁력, 생산력, 창조력을 좌우하는 매우 중요한 요소이기 때문입니다. 이것은 어느 사회, 어느 국가에도 그대로 통하는 보편적 진리입니다.

신뢰는 사람들간의 거래에 있어서 계약비용을 절감시킵니다. 신뢰가 없는 조직, 신뢰가 없는 사회에서는 상대방으로 하여금 나를 믿도록 하는 데 불필요한 계약비용(bonding cost)이 많이 듭니다. 우선 신뢰가 없다면 우리는 창의성을 공유할 수 없으며, 지식과 기술을 공유할 수 없습니다. 우리는 직원, 고객, 주주, 회사, 사회, 국가 모두에게 이익을 줄 수 있는 창조적 업무방식을 추구해야 합니다. 그러므로 신뢰를 성공적으로 구축하는 조직만이 시장에서 승자가 될 수 있습니다. 만약 우리가 신뢰 구축의 중요성을 부정해 버린다면, 그것은 바로 조직의 쇠퇴를 의미합니다. 조직과 구성원 사이에 신뢰를 구축하는 일은 기업이 당면한 최대의 과제이자 도전입니다.

그럼 어떻게 하면 신뢰를 구축할 수 있을까요?

① 비전을 공유하는 것이 기본입니다. 조직의 비전과 조직의 사명에 대해서 정기적으로

얘기하는 시간을 가져야 할 것입니다. 구성원의 의견과 아이디어를 청취하고 리더의

생각을 명백하게 전달해 주어야 합니다. 진실된 청취와 대화를 통해 신뢰가 고양되는

것입니다.

② 스스로 결정하도록 하십시오. 생산성 향상 과정이나 경쟁력 제고 과정, 창조력 향상

과정에 되도록 많은 구성원을 참여시키십시오. 조직의 구성원들은 가치가 창출되는

과정에 참여할수록 주인 의식을 느끼게 되고, 주인 의식을 가지는 구성원 수에 비례하

여 신뢰가 고양됩니다.

③ 관계의 균형을 이루도록 해야 합니다. 되도록이면 조직 구성원간에 가족처럼 친숙한

환경을 조성합니다. 균형이 유지되는 곳에서 신뢰의 폭은 더 크게 자라날 수 있습니

다. 기업에서 일의 중심을 업무 과정 자체로부터 그 과정을 둘러싸고 있는 관계 쪽으

로 옮겨 볼 필요가 있습니다. 리더와 구성원이 관계를 균형 있게 증진시키는 것에 비

례하여 신뢰는 더 깊어질 수 있습니다.

④ 무엇보다 책임을 가르쳐야 합니다. 책임성에 대해서는 끊임없는 지도가 필요합니다.

직무에 대한 충실도, 성실성, 의무감, 책임감의 원칙에 대해 가르쳐야 합니다. 신뢰는

명령이나 일방적 권위에 의해서가 아니라, 책임감의 원칙이 통하는 조직 문화 속에서

꽃 피는 것입니다.

⑤ 개방적으로 하십시오. 칸막이나 담장이나 벽을 제거하여 중요한 정보는 보다 더 널리

공유해야 합니다. 개방성, 투명성, 공유의 분위기에서 나날이 돈독해지는 신뢰의 꽃이

만발하는 경험을 할 수 있습니다.

⑥ 공정함의 모델이 되십시오. 모든 구성원들이 자신의 잘못에 대해서 솔직하고 공정한

태도를 가져야 합니다. 특히 리더 자신의 신뢰할 수 있는 태도와 행동은 신뢰 조직을

가져오는 출발점이 됩니다. 모범을 보이는 것은 솔선수범의 근본입니다. 다른 사람에

게 모범이 되는 것이 아니라면, 그런 일은 시도하지 않는 쪽이 조직에 더 보탬이 될 수

있습니다.

학습 조직

우리는 미래를 예측하기 어려운 시대에 살고 있습니다. 이럴 때에는 자신과 조직을 끊임없이 새롭게 하고 재충전하며 재창조하는 학습 조직을 필요로 합니다. 기업이란 호기심, 도전, 우의, 신뢰와 같은 특징을 지닌 '능력의 무한조직'으로 만들어 가야 합니다. '능력의 무한조직'이란 통제를 최소화시켰을 때 조직에게 기대할 수 있는 '능력의 최대 한계'입니다. 많은 기업들은 오랫동안 '능력의 무한조직'이 아니라 '무능력의 무한조직'으로 기업을 운영해 왔습니다. '무능력의 무한조직'이란 절차, 규칙, 관리, 감시, 지배, 통제 등으로 점철된 피라미드 식 권력에서 만들어지는 '비용의 최대 한계'입니다. 즉 고비용을 말합니다.

학습 조직에서는 성공과 실패 모두 중요합니다. 조직 구성원의 신뢰 없이는 능력을 촉진시킬 수 없습니다. 아무리 유능한 일꾼이라도 신뢰받지 못하면 일을 맡을 수 없습니다. 학습 조직에서는 친밀성이 인간관계의 중요한 요소입니다. 예를 들어 내가 신뢰할 수 있는 사람이 조직 속에 과연 몇 명이나 되는가? 하는 질문을 해볼 수 있습니다. 이런 질문의 답은 조직 전체의 형태와 구조에 달려 있습니다.

신뢰를 확보할 수 있는 해결책의 하나는 '우의'일 수 있습니다. 기업 조직에서 호기심, 도전 같은 일은 서로 나누어야 합니다. 혼자서 배우는 사람은 느리기도 하지만, 잘 배우지도 못합니다. 기업 조직이 너무 비대하여 우의를 느끼지 못하거나 공유하는 비전이 없어 결집력이 부족한 팀은 신뢰성을 갖추기 힘듭니다. 이러한 조직에서는 아랫사람을 무능력하다고 가정하여 실험적 도전을 억제하거나 통제, 지시, 감시를 심하게 해 창의력을 어누르고 학습을 불가능하게 만듭니다. 학습 과정은 수레바퀴 같은 것입니다. 이 수레바퀴는 부단히 움직이게 하지 않으면 안 됩니다. 수레바퀴를 지속적으로 움직이게 하는 몇 가지 주요 개념을 소개하겠습니다.

- 권한 위임은 현장의 실무와 가장 가까운 자에게 부여되어야 효과가 있습니다.

- 만남, 대화 그리고 사교의 기회가 제공되어야 합니다. 학습 조직이란 일터가 만남의 광장, 대화의 광장, 사교의 광장, 배움의 광장으로 전환되는 회원 전용 클럽이 되는 것을 의미합니다. 조직이 비대한 대기업에서는 대화가 더욱 절실합니다. 특히 비전, 목표, 가치관은 종이나 전산망을 통해서 공유할 수 없습니다. 구성원들이 만남을 통해서 서로의 가치관을 받아들이게 되는 것입니다.

- 가급적이면 조직의 수평화를 이루어야 합니다. 실적, 업적에 따라 보상이 이루어질 수 있다면 수평조직은 선호되어야 마땅합니다. 또한 배움에는 지속적인 격려가 필요합니다. 최고의 격려는 배움에 대한 만족감입니다. 배움은 그 자체로 다른 배움을 공급해 줍니다. 수레를 회전시키는 파워는 자신이 배움의 '본'이 되는 것입니다. '공부해서 남 주자.'라는 역설적 개념을 현실화시켜야 할 것입니다.

필자는 '기업이론'이란 없다고 생각합니다. '기업이론'이 없는 것과 마찬가지로 공식화된 '조직이론'도 있을 수 없습니다. 사람들은 영원히 예상치 못한 일들을 다루어 나가야 합니다. 그렇기 때문에 우리의 조직은 스스로 재창조되어야 마땅합니다. 조직이 성공하려면 미지의 일에 매력을 느끼는 사람들이 있어야 합니다. 현명한 조직은 이러한 사람들을 찾아내고, 그들이 조직에서 만족할 수 있도록 하는 데 많은 시간을 투자합니다. 이러한 기업 조직이 사람들이 선호하는 기업이 되는 것입니다. 학습 조직은 우리 기업이 생존할 수 있는 유일한 방법입니다. 조직에서 학습이 그치면 기업 조직의 삶은 멈추어 버리고 맙니다. 개인 학습이 조직적으로 이루어지면서 집체적 효과를 나타내는 것이 학습 조직입니다. 기업 조직은 학습 조직이 되어야 합니다.

선비사상과 인재양성

서구의 물질문명, 합리주의, 과학주의 등이 20세기를 이끌어 왔습니다. 21세기에 들어와서 이 자리에 동아시아의 정신문명, 조리주의, 생명주의가 자리매김을 시작하고 있습니다. 서양이 '기계사업'에서 앞서 온 것은 사실입니다. 그러나 오늘날 세상이 정보화되고 투명해지면서, 기계보다 인간이 더 소중하다는 생각을 다시 확인하게 되었습니다. 21세기는 전적으로 '인간사업'이 주도하는 시대입니다. 특히 우리는 전적으로 '인간사업'에 주력해야 할 때입니다.

우리나라의 인적자원은 남부럽지 않습니다. 우리는 그동안 가두어 두었던 우리 자신을 다시 확대, 개발해야 합니다. 그동안 우리 자신을 한계 속에 가두어 놓고 있었습니다. 우리는 모두가 잠재력을 최대한 실현할 수 있도록 서로 나누고 보살피고, 동기를 부여하고 봉사하는 정신으로 서로를 부추겨야 합니다. 아무리 작은 에너지라도 움직여야 합니다. 에너지는 아무리 큰 덩어리라도, 그것이 머물러 있으면 흩트려 깨뜨릴 수 있습니다. 움직여야 합니다. 머물러서는 안 됩니다. 고달프더라도 움직여야 합니다. 물과 같이 모든 형세와 조건에 맞추어 대처해 나갈 수 있는 움직임이 우리에게 생명을 가져다 줍니다.

'인간 사업'에서 가장 필요한 것은 리더의 역할입니다. 리더의 핵심 역할은 다음의 4가지로 요약됩니다.

① Path finding

'방향 설정' 입니다. 조직의 철학, 이념, 비전, 목표, 전략을 설정해야 합니다.

② Aligning

한 '방향 정렬' 입니다. 조직체계, 조직제도를 목표, 전략에 맞게 한 방향으로 정렬해야 합니다.

③ Empowering

조직의 '신뢰 형성' 입니다. 지시나 통제, 감독에 의한 리더십이 아니라, 신임과 배려에서 생성되는 자발적 에너지로 충만한 창조적 조직 분위기를 창출해야 합니다.

④ Modeling

'솔선수범' 의 모범을 보이는 것입니다. 조직 구성원은 언제나 위를 쳐다보고 있습니다. 모범을 보이고 조언을 해주어서 조직 구성원이 최고의 능력을 발휘할 수 있도록 조직 사기를 유지시키는 리더십을 지속해야 합니다.

21세기에 갖추어야 할 가장 중요한 리더십 포인트는 다른 사람을 ① 올바른 방향으로 ② 더욱 올바른 일을 잘할 수 있도록 만드는 것입니다. 리더의 역할은 사람들로 하여금 자신의 잠재능력을 마음껏 발휘하도록 사기를 부추겨 주는 것입니다.

조직(사기업, 공기업, 정부조직, 자치단체, 임의단체 등)을 하나의 원으로 표현한다면, 가장 가운데 있는 핵심 부분은 사람입니다. 그 사람을 중심으로 바깥 부분에 조직 구성의 '구조'와 '프로세스'가 있고, 가장 바깥 부분에 해당하는 원의 가장자리에 '상품'과 '서비스'가 있습니다. 기업이 변화를 시도할 때 먼저 상품과 서비스를 변화시키고, 그 다음 중간 지점에 있는 구조와 프로세스에 초점을 맞춥니다. 구조 조정이라는 단어 속에 진행되는 리엔지니어링(reengineering), 리스트럭처링(restructuring), 다운사이징(downsizing) 등이 여기에 속합니다. 전 세계적으로 이러한 구조 조정이 변화와 개혁이라는 이름으로 진행되었습니다. 그러나 이런 변화에 성공한 기업은 5%에도 미치지 못합니다. 95% 이상의 기업들이 실패의 고배를 마셨습니다. 문제는 가장 중심부에 있는 '사람'을 변화시키지 않은 채, 주변에 있는 외부 상황만 변화시키려고 했기 때문입니다. 이렇게 되면 도넛처럼 가운데 핵심 부분이 빠져 버립니다. 사람을 변화시키지 않는 구조 조정은 비록 성공한다 해도 일시적인 성공에 그치고 맙니다. 핵심 부분에 있는 '사람'을 변화시켜야 합니다. 사람의 변화는 '사고의 변화'와 '습관의 변화'에서 만들어집니다. Q.C. 운동의 선구자인 데밍 박사는 "인간이 변화하지 않는 한 우리는 어떤 변화도 가져올 수 없다."라고 말합니다. 제품이나 프로세스를 아무리 변화시켜도, 사람이 변화하지 않으면 결국 실질적으로 아무런 변화도 일어날 수 없는 것입니다.

우리는 사람을 변화시키는 노력을 많이 해보고, 또 그러한 노력이 실패로 돌아간 경우도 너무 많이 알고 있습니다. 그 원인은 사람을 변화시키는 방법이 잘못되었기 때문입니다. 사람이 어떤 행동을 취하면, 그것은 바로 결과로 이어집니다. 사람의 행동은 그 사람의 사고에 의해 결정됩니다. 그리고 사고는 그 사람이 갖고 있는 인식, 지식, 정보, 기술, 지혜에 의해서 형성됩니다. 좋은 지식이나 정보를 제공해 주는 것만으로는 좋은 변화의 결과를 만들어 낼 수 없습니다. 그 이유는 사람마다 조금씩 다른 자신의 안경을 하나씩 가지고 있기 때문입니다. 외부에서 들어오는 인식, 지식, 정보, 기술, 지혜가 그 사람이 행동하기 전에 그 자신의 안경에 의해 한 번씩 걸러지는 것입니다. 이 안경이 다른 말로 하면 그 사람의 태도이고 습관입니다. 유식한 사람은 패러다임이라는 말을 사용하기도 합니다. 모든 조직에 종사하고 있는 모든 사람은 이러한 태도, 습관을 가지고 있습니다. 그러므로 사람들은 그들 각자의 안경으로 모든 입력을 걸러서 받아들입니다. 결국 어떠한 새로운 정보와 기술이 들어가도 같은 필터로 걸러지기 때문에, 걸러진 결과는 마찬가지가 되고 맙니다.

또한 사람의 사고와 생각은 크고 높을수록 도덕성에 가깝습니다. 사람의 행동은 사고와 생각이 결정합니다. 도덕을 떠난 사고와 생각은 행동의 부조리를 창조합니다. 행동의 부조리는 모든 부정, 부패, 무책임의 원흉입니다. 진정한 변화를 시도하려면, 사람의 도덕적 태도와 습관을 바꾸는 변화를 시도해야 합니다. 그것이 사람들로 하여금 새로운 안경을 갖게 하는 것이기 때문입니다. 우리는 조직 구성원들이 도덕적 반응을 보일 수 있도록 능력을 계발시켜야 합니다. 도덕적 반응을 보일 수 있는 능력을 계발하지 않고는 사람을 계발시킬 수 없습니다. 도덕적 반응(response)을 보일 수 있는 능력(ability)은 책임감(responsibility=response+ability)입니다. 즉 책임감을 계발시키는 것이 안경을 바꿔 줄 수 있는 방법입니다.

미국은 지난 20여 년간 세계 금융시장을 지배하면서 엄청난 돈을 벌어들였습니다. 금융자본주의의 발흥으로 투자은행이라는 특수은행을 발 빠르게 설립하여 최첨단 금융기법이라는 화려한 시스템을 만들었습니다. 이 금융 시스템은 '고위험, 고수익(high risk, high return)'이라는 도전을 부추겼으며, 금융 파생상품이라는 희대의 상품을 만들어 내어, 그것을 만든 사람도 그 기능과 책임을 잘 모르는 리스크와 부채를 판매하는 펀드가 쏟아졌습니다. 부실채권을 기본으로 부실 파생상품을 만든 것입니다. 더 나아가서 1차, 2차, 3

차 파생상품을 생산했습니다. 한 마디로 불량 금융 상품을 수없이 만들어 낸 것입니다. 품질 좋은 실물거래와 서비스가 뒷받침되지 않는 금융 제품은 그것에 아무리 좋은 옷을 입혀도 허상에 불과합니다. 드디어 허상은 한 세대가 가기 전에 깨어졌습니다.

돈을 엄청나게 벌어들이던 미국의 유력 투자은행이 판매하는 브랜드만 보고 세계의 금융기관이 다투어 매입하는 데 주저하지 않았습니다. 결과는 어떻게 되었습니까? 미국은 물론 전세계의 금융계를 파탄으로 몰아 심각한 경제위기와 매각, 도산, 파산이 줄을 이었습니다. 근본 원인은 투자은행에 종사하는 리더(엘리트)들의 부도덕하고 부정직한 탐욕이었습니다. 탐욕만으로도 사악한 것인데, 그러한 탐욕이 아무런 책임감 없이 저질러졌습니다. 책임감 없는 생각, 태도, 행위는 자신뿐만 아니라 주위의 수많은 사람에게 손해를 가져다 줍니다. 그리고 그것이 금융 시스템이 되어 이루어졌기 때문에 세계 제일 부국이라는 미국이 헤어나지 못할 상처를 입고 신음하고 있는 것입니다.

2008년 8월에 발생한 미국 발 금융 위기는 '인간 사업' 부실에 따른 신용 붕괴 사태에 근본 원인이 있었다고 생각합니다. 그 중에서도 첫 번째의 스텝인 방향 설정이 잘못된 것입니다. 방향설정은 ① 인(仁 : 어짊) ② 의(義 : 옳음) ③ 예(禮: 바름) ④ 지(智 : 슬기)에 어긋남이 없어야 합니다. 조직의 철학, 이념, 비전, 목표, 전략을 설정할 때 '어짊', '옳음', '바름', '슬기'가 바탕이 되었다면, 허구적인 사악한 금융 시스템은 탄생되지 않았을 것입니다. 20세기 말에 시작된 미국의 사악한 금융 시스템의 부실한 허상이 21세기 초에 드러난 것은 당연한 귀결입니다.

인의예지는 개인 덕목의 핵심입니다. 개인 덕목을 체득하여 내공을 쌓은 사람이 조직 덕목으로 외공을 쌓을 수 있는 것입니다. 조직 덕목의 핵심은 효충경신입니다. ① 효(孝 : 배려) ② 충(忠 : 책임) ③ 경(敬 : 섬김) ④ 신(信 : 신뢰)은 사람이 사회생활을 하는 데 빼놓을 수 없는 핵심 덕목입니다. 선비사상이 8가지 핵심 덕목은 '인의예지'의 개인 덕목과 '효충경신'의 조직 덕목입니다. 오늘날 지구촌에서 우리가 맺고 있는 인간관계는 오로지 경쟁관계, 노동관계, 금융관계, 협상관계, 정치관계 등으로서, 끝없는 나락으로 전락한 것처럼 밑바닥 선에서 기고 있습니다. 인간관계는 조직관계의 핵심 덕목인 '효충경신' 관계로 회복되어야 할 것입니다. 인재육성의 기본은 선비사상의 근본인 '인의예지효충경신'을 실행하는 교육으로 발전해야 할 것입니다.

2008년 9월 28일 서울 명륜동에 있는 성균관에서 석전대제가 열렸습니다. 석전대제는 공자의 덕을 기리고 추모하는 유가의 중요 행사입니다. 한국은 삼국시대 이래 지금까지 이 행사를 지속하고 있습니다. 그러나 중국에서는 공산체제를 거치면서 맥이 완전히 끊겼다가 1995년부터 다시 부활되었습니다. 그때 중국에서는 석전대제의 감수를 위해 한국의 유학자를 초청했고, 초청받은 학자들이 중국에 가서 석전대제의 전통 방식을 전수하여 '유교의 역수출'이 일어나기도 했습니다. 이번 행사에는 중국의 대표적 철학자 탕이지에(湯一介, 81세) 베이징 대 교수가 초청되어 참가했는데, 한국의 석전대제에 처음 참관한 탕 교수는 "이렇게 장엄하고 성대한 석전은 처음으로 접했다. 규모나 규범의 측면에서 중국의 석전은 한국을 따라가지 못한다."라고 평했습니다. 그리고 성균관대 초청강연에서 이렇게 말했습니다. "문화대혁명 시기에 중국의 도덕이 완전히 파괴되었다. 중국은 유가사상과 경전을 모두 부정하여 인간의 도덕적 교화와 교육이 정지되었다. 중국은 앞으로 오랜 시간을 들여 도덕관념을 다시 세워야 한다. 특히 관료들, 정치하는 사람들이 최소한의 도덕성을 갖추어야 중국이 세계로부터 평가 받을 수 있다." 그리고 그는 또 이렇게 덧붙였습니다. "한국의 유학은 대단히 앞서 있다. 공자사상에 대한 이해에서 중국 학자들은 한국으로부터 많이 배워야 할 것이다."

정심(正心)에 뿌리를 둔 성의(誠意)의 '정신문화'와 격물치지(格物

致知)의 '조리주의'와 상생융합(相生融合)의 '생명주의'를 가지고 있는 우리 선조들의 혜지를 21세기에는 지구촌에서 다시 살아나게 해야 할 것입니다. 동아시아에서는 우리나라가 정심성의, 격물치지, 상생 융합의 원조 국가입니다. 조선의 대학자들은 16세기에 '조선실천성 리학'을 완성하여 중국으로, 또 일본으로 오래 전에 수출한 바 있습니다. '조선실천성리학'이 만들어 낸 것이 '선비사상'입니다.

'선비사상'의 개인 덕목인 인의예지와 조직 덕목인 효충경신을 갖추었다면, 불량상품이 만들어질 수 없습니다. 오늘날 중국은 세계 최대의 가공식품 생산공장이나 다름없습니다. 세계에서 가장 큰 공장에서 불량식품을 양산하여 세계 시장으로 마구 뿌렸습니다. 미국에서는 최첨단 기법을 자랑하는 금융상품을 불량공정으로 양산했습니다. 오늘날 미국은 세계 최대의 금융상품 생산공장이나 마찬가지입니다. 세계에서 가장 큰 공장에서 불량 금융상품을 생산하여 세계 시장에 마구 뿌렸습니다. 현재 지구촌에서 세계 일등국가라는 미국과 앞으로 세계 일등국가가 되겠다는 중국이 모두 지구촌 시장에 불량 제품을 내놓고, 지구인들을 고통 속에 빠뜨려 못 살게 굴고 있습니다. 인간이 모두 안전하게 먹어야 할 식품에 '불량 가공 상품'을 만들어 '사기'를 치는 중국 사람이나, 돈을 벌려는 인간 심리를 이용하여 '불량 금융상품'을 만들어 '사기'를 치는 미국 사람이나,

그런 일을 꾸미거나 만들어 낸 관련 리더들은 모두 '사기꾼'입니다.

인간 세계에서 우리가 가장 경계해야 할 사람이 바로 '사기꾼'입니다. '사기꾼'을 이 세상에서 없애는 방법은 '선비사상'의 교육밖에 없습니다. 공자는 이렇게 말했습니다.

"나는 사이비를 미워한다. 말 잘하는 것을 미워하는 것은 정의를 혼란시킬까 두려워서이고, 말 많은 것을 미워하는 것은 신의를 혼란시킬까 두려워서이다. 안에 있으면 충심과 신의가 있는 척하고, 밖에 나가면 청렴 결백한 척하며, 그들을 비난하려 해도 딱 들어서 비난할 길이 없고, 공격하려 해도 딱 들어서 공격할 구실이 없으니, 내가 그들을 미워하는 것은, 세속에 아첨하고 더러운 세상에 합류하여 사람들이 다 좋아하도록 만들고 스스로도 옳다고 생각하기 때문에, 그들이 하늘의 뜻(道)과 사람의 덕(德)을 혼란시킬까 두려워서이다."

인간사의 근본인 정치에 있어서도 공자가 가장 미워했던 것은 '진짜 같은 가짜'였습니다. 즉 '사이비(似而非) 정치가'였습니다. '비슷하지만 실은 아님'이 바로 '사이비'입니다.

조선 중기의 개혁 정치가 조광조(趙光祖 : 1482-1519)는 정치적 신념을 위해 목숨을 던진 선비 정치가입니다. 조광조의 정치 철학은 '천인무간'(天人無間) 사상에서 나오는 '지치주의'(至治主義)가 근본이었습니다. 즉 하늘과 사람은 떨어져 있는 것이 아니라, '하늘과 사람은 하나'라는 사상으로서, 하늘의 뜻(道)이 세상에서 실현되는 (德) '이상사회' 건설을 목표로 하는 것이었습니다. 조광조는 정치와 권력의 중심에 있는 최고 지도자의 자질을 중시했습니다.

하늘은 언제나 밝고 진실합니다. 사람은 하늘을 따라 언제나 밝고 진실해야 합니다. 이것은 하늘과 사람의 근본은 하나이기 때문에 가능합니다. 임금과 백성의 관계도 마찬가지입니다. 임금과 백성의 근본은 하나입니다. 임금의 도가 백성의 도와 어긋나는 법은 없어야 합니다. 임금과 백성이 어긋나는 것은 사람이 도덕적으로 타락하는 데 원인이 있습니다. 임금이 밝고 진실하지 못하여 군자(君子)가 되지 못하면 백성과 하나가 될 수 없습니다. 백성이 밝고 진실하지 못하여 소인(小人)이 되면 임금과 하나가 될 수 없습니다. 그러므로 진정한 개혁은 백성이 어진 마음으로 자신을 수양하여 하늘에 가깝게 다가가고, 임금이 먼저 앞장서서 스스로의 허물을 고쳐 하늘에 가깝게 다가가야 하는 것입니다.

조광조는 '사람'을 개혁하고자 했습니다. 조광조는 제도의 개선이나 체제의 전복으로 개혁하는 것은 진정한 개혁이 아니라고 생각했습니다. 제도의 개혁은 또 다른 부패 제도를 낳고, 체제의 전복은 또 다른 부패 체제를 낳을 뿐입니다. 권력은 독점되고, 부패는 승계

되는 것입니다. 조광조는 정치개혁의 웅대한 뜻을 품고 조정으로 나선 지 4년 만에 남곤, 심정 등의 훈구 세력에 의한 모함으로 유배를 당하고 유배지에서 사약을 받고 절명했습니다. 그는 요순시대와 같은 이상정치를 현실정치에 접목할 수 있다고 믿었습니다. 퇴계 이황은 조광조에 대해 이렇게 촌평했습니다.

"조광조는 천품이 빼어났으며, 일찍 학문에 뜻을 두고, 집에서는 효도와 우애를, 조정에서는 충직을 다했으며, 여러 사람들과 서로 협력하고 옳은 정치를 했습니다. 다만 그를 둘러싼 젊은 사람들이 너무 과격하여 구신들을 물리치려 함으로써 화를 입게 된 것입니다." (1568년 경연에서 이황이 선조의 물음에 답하여)

1519년(중종 14년) 12월 20일은 조광조가 사약을 받고 죽은 날입니다. 그의 나이 37세. 그의 죄명은 역적. 조광조는 전라남도 화순군 능주로 귀양 간 지 한달 만에 유배지에서 임금의 사약을 받고 죽었습니다. 그는 사약을 받기 직전에 아래와 같은 절명시(絶命詩)를 남겼습니다.

임금 사랑하기를 아버지 사랑하듯 했고
나라 걱정하기를 내 집 걱정하듯 했노라.
하늘이 이 땅을 굽어보시니
내 일편단심 충심을 밝게 밝게 비추리.

그의 사후 49년 뒤인 선조 6년(1568)에 문정(文正)이라는 시호가 내려짐으로써 그는 정식으로 복권되었습니다. 조광조는 향약(鄕約)을 실시했습니다. 향약은 동네 주민들 사이의 생활규범입니다. 향약은 다음의 네 가지 규약이 중심입니다.

- 덕업상권(德業相勸) : 덕 있는 일은 서로 권하자.

- 과실상규(過失相規) : 잘못하는 일은 서로 바로잡아 주자.

- 예속상교(禮俗相交) : 서로 사귈 때는 예절을 다하여 사귀자.

- 환난상휼(患難相恤) : 아플 때나 어려운 일이 일어날 때는 서로돕자.

향약은 지방자치 단체의 주민 협약과 같은 것이었습니다. 그는 미신타파와 백성들의 근본적 의식개혁을 위해 향약의 점진적 확대를 주장하고, 이를 전국적으로 실시하도록 강력히 추진했습니다. 그는 풀뿌리 동네 주민의 의식개혁을 정치개혁의 에너지로 삼고자 했습니다. 그는 김굉필(金宏弼)의 실제적 제자이며, 고려 말의 충신 정몽주(鄭夢周)와 조선왕조 개국공신 정도전(鄭道傳)을 정치적 사표로 삼았습니다.

정도전은 조선왕조의 근본 이데올로기를 확립한 사상가입니다. 정도전은 고려왕조의 멸망 원인을 '도덕과 윤리의 타락'에서 찾았습니다. 그는 새로운 나라의 기강이 바로 서려면 무엇보다 '도덕과 윤리의 재건'이 필요하다고 생각했습니다. 그는 윤리를 실행하는 수

단이 정치이며, 그 전제조건이 경제의 안정이라고 보았습니다. 그는 인간이 자신의 본분을 지키는 것이 사회질서를 확립하는 길이라고 생각했습니다. 그는 인간이 본분을 지켜 사회질서를 확립하는 길은 삼강오상(三綱五常)에 있다고 본 것입니다. 그는 이를 위한 국가 철학으로 '성리학(性理學)'을 유일한 정학(正學)으로 삼았습니다. 통치체제는 전국적 지배를 중앙정부에 두는 중앙집권 체제를 지향했습니다. 그 정점에는 군주를 두었습니다. 군주는 최고의 통치권을 갖고 전국의 토지와 백성을 지배하나, 실질적 정무는 재상(宰相)이 갖는 '재상중심 체제'를 지향했습니다. 오늘날로 치면 대통령 중심의 '내각책임 체제'와 같은 성격인 것입니다.

또 그는 통치자의 독재와 부패를 막기 위하여 감찰권(監察權)과 언권(言權)의 강화를 제시했습니다. 통치윤리는 인정(仁政)과 덕치(德治)에 근본을 두어야 하며, 형벌은 보조적 수단이 되어야 한다고 주장했습니다. 이러한 체제의 확립은 경제성장과 경제생활의 안정 없이는 불가능하다고 판단하고, 그는 민생을 안정시키기 위해 무엇보다 농업생산이 진흥되어야 한다고 보았습니다.

그는 명문 대대의 사대부 집안 출신이 아닙니다. 그의 신분은 시골 향리 출신이었고, 그의 어머니는 노비의 피가 섞인 우연(禹延)의 딸이었습니다. 그러한 그가 『조선경국전(朝鮮經國典)』을 써서 나라의 기본 통치제도를 확립했던 것입니다. "백성은 국가의 근본이요, 군주의 하늘이다."라고 『조선경국전』은 기록하고 있습니다. 이런 생각은 절대왕조 시대에 발아한 민주주의 사상의 태두라고 할 수 있습니다. 정도전의 국가경영 이념은 오늘날 자유민주국가 체제를 지향하고 있는 대한민국의 국가 철학으로 대입해도 크게 무리가 없을 것 같습니다. "국민은 국가의 근본이요, 대통령의 하늘이다."라고 『대한민국 헌법』에 기록되어 있지 않을 뿐입니다.

조선은 선비의 나라였습니다. 개혁의 고비마다 훈구 세력(勳舊勢力 : 공신들의 기성 세력)의 강한 저항으로 사림 세력(士林勢力 : 선비들의 신진 세력)이 자리에서 쫓겨나는 사태를 겪었지만, '군주 위에 백성을 두고자' 하는 끊임없는 투쟁과 끈기는 '선비사상'이 아니면 지탱할 수 없었을 것입니다. '선비사상'은 한국인이 창조한 지도자(리더)의 정체성으로서 우리가 지구촌에 파급해야 할 정신문화의 으뜸이라고 필자는 생각합니다.

조광조가 남긴 '선비사상'은 다음과 같습니다.

- 선비는 배움을 즐기고 사명감으로 일에 몰두한다.

- 선비는 이익을 위하여 의로움을 손상하지 않는다.

- 선비는 죽음을 당하더라도 지조와 신념을 버리지 않는다.

- 선비는 금과 옥을 보배로 여기지 않고, '인의예지효충경신'을 보배로 여긴다.

- 선비는 나라에 외침이 있으면 불굴의 용기로 그에 대처한다.

- 선비는 나라에 무거운 솥[鼎]을 끌 일이 생기면 힘을 헤아리지 않고 그 일에 착수한다.

- 선비는 지나간 과거의 일을 후회하지 않으며, 오지도 않은 장래의 일을 미리 점치지 않는다.

- 선비는 그릇된 말을 두 번 거듭하지 않고 뜬소문을 두고 따지지 않는다.

- 선비는 가까이할 수는 있어도 협박할 수는 없다.

- 선비는 죽일 수는 있어도 욕보일 수는 없다.

조광조의 스승 한훤당이 쓴 '유가의 선비로서 반드시 지켜야 할 계율'[儒行]은 다음과 같습니다.

- 선비는 움직이거나 머물고 있을 때 항상 평상심을 갖는다.

- 선비는 항상 마음을 바로 해서 착한 본성을 따른다.

- 선비는 항상 의관을 정제하고 자세를 바르게 한다.

- 선비는 낡은 습관을 철저하게 끊어 버린다.

- 선비는 욕심을 막고 분한 마음을 참는다.

- 선비는 하늘의 뜻을 알고 어진 행위에 힘쓴다.

- 선비는 가난 속에서도 편안한 마음으로 자신의 분수를 지킨다.

- 선비는 사치와 허영을 버리고 근검절약을 생활화한다.

- 선비는 날마다 새로운 공부를 한다.

- 선비는 책을 많이 읽고 사물의 원리를 깊이 궁리한다.

- 선비는 망령된 말과 거짓말을 하지 않는다.

- 선비는 게으름을 경계하고 항상 부지런하여야 한다.

- 선비는 일을 시작할 때와 같이 일의 끝도 신중하게 한다.

- 선비는 공경하는 마음을 지니고 성실함을 지킨다.

조광조는 정치 현상의 본질을 꿰뚫고 있었습니다. 정치 현상은 항상 복종과 통일을 가능케 하는 권력을 중심으로 이루어집니다. 그러므로 권력의 정점에 있는 통치자의 인격과 덕성은 매우 중요한 것입니다. 공자는 "정치란 바로잡는 것이다"(政者 正也)라고 말했는데, 조광조의 정치 철학은 이 말에 뿌리를 두고 있었습니다. 백성을 다스리는 통치 행위에 앞서 치자(治者) 자신의 품성, 지성, 덕성, 행실을 함양하는 내면적 과제가 먼저 강조된 것입니다.

원시 유가사상에서는 요순시대를 최고의 이상사회로 보고 있습니다. 왜냐하면 요순시대는 우(禹) 이후와 같은 세습군주 체제가 아니었고, 천하 제일의 어진 자에게 왕위를 이양하는 덕치(德治) 구현의 이상적 선위 방법이 실현되고 있었기 때문입니다. 그러나 유가사상이 정립될 시기에 이르러서는 이미 세속화된 왕권이 세습 체제의 형태를 지니고 있어서, 요순시대와 같은 이상적 왕위의 선위 방법은 현실적으로 불가능한 일이었습니다. 따라서 왕권세습 체제의 현실

속에서 조광조는 성군현상주의(聖君賢相主義 : 성인다운 임금과 어진 재상)를 표방하게 되었던 것입니다.

국가 정치에는 용인(用人)과 이재(理財)가 핵심입니다. 용인은 도덕성이 높고 능력 있는 인재를 잘 발탁해 적재적소에 책무를 부여하는 일이고, 이재는 필요한 경제정책을 바르게 펴서 국민을 잘살게 하고 사회를 부강하게 하는 일입니다. 성군인 임금이 현명한 재상을 발탁하고, 발탁된 재상은 도덕적 기준으로 올바른 정책을 펴서 백성을 위해 필요한 책무를 다 하여 모두 잘사는 '청부국가'를 조광조는 꿈꾸었던 것입니다. 기업 경영에도 용인(用人)과 이재(理財)가 핵심입니다. 최고 경영자는 용인과 이재를 어떻게 할 것인가를 생각하고 실행하는 사람입니다.

평생직업·평생직장 시대의 신언서판

'평생직장'과 '평생직업'은 없어질 수 없는 우리들 삶의 무대입니다. 미국인들에게는 '평생직장'이라는 개념보다 '평생직업'이라는 개념이 더 무게를 가지고 있겠지만, 동아시아 정서 속에 있는 한국인과 일본인에게는 '평생직업'보다 '평생직장'이라는 개념이 더 의미가 있습니다. 왜냐하면 한국에서의 '평생직장'은 개인생활의 안정은 물론 기업성장과 경쟁력 확보에도 귀중한 바탕이 되고 있기 때문입니다.

요사이 새롭게 '평생직장'이란 말과 함께 '평생직업'이란 말이 다시 유행하고 있습니다. 제조업을 비롯한 전통 직장에서는 한 번 입사하면 그 직장에서 오래 근무할수록 대우를 더 잘 받을 수 있는 기업이 많이 있습니다. 그러나 일부 IT 업종이나 소프트웨어 기술 서비스 업종에서는 직장을 자주 옮기는 현상이 나타나고 있는 게 사실입니다. 후자의 직장에서 근무하고 있는 근로자에게는 직장이란 자신의 경력을 만들고 자신의 몸값을 높이는 데 필요한 '정류장'이라고 극단적으로 표현하는 사람들도 있을 정도입니다. 이러한 사람들은 직장인(職場人)이라고 부르기보다 직업인(職業人)이라고 부르는 것이 더 적절할 것입니다. 물론 애사심(愛社心)은 애직심(愛職心)이라는 새로운 말로 대치되어야 할 것이고요.

오늘날 우리가 살고 있는 시대는 '전문가의 시대'입니다. 그리고 디지털 시대의 특징인 '변화무쌍'한 시대입니다. 한 직장이나 한 직업에서 오랫동안 우물을 파다 보면 그 분야의 전문가적 소양이 누적되고, 깊은 지식과 경험이 어우러지면서 프로 의식을 가진 '스페셜리스트'가 될 수 있습니다. 오늘날에는 직업 전선에서 '아마추어'가 설 땅이 없습니다. 오직 '프로'만이 살아 남을 수 있는 환경으로 변한 것입니다.

프로 시대에 가장 중요한 것은 '사람의 가치'입니다. 가치는 희소성과 고품질에서 나옵니다. 누구나 할 수 있는 일을 하는 사람보다 누구나 할 수 없는 독보적 자질과 능력을 가진 사람이 대접 받을 수 있습니다. 그렇기 때문에 누구나 자신의 품성과 품질을 스스로 평가해봐야 하는 것입니다. 우리나라에서는 예로부터 사람을 평가할 때 '신언서판 身言書判'을 중요한 기준으로 삼았습니다.

'身'은 그 사람의 태도, 행동, 풍모, 풍채와 건강을 가리킵니다.

'言'은 그 사람의 말씨, 설득력, 구술력을 가리킵니다.

'書'는 그 사람의 글씨, 문장력, 논술력을 가리킵니다.

'判'은 그 사람의 도덕적 판단력과 평판을 가리킵니다. 옳은 판단을 많이 한 사람은 평판이 점점 더 좋아지지만, 그른 판단을 많이 한 사람은 평판이 자꾸 나빠집니다.

아날로그 시대가 지나가고 디지털 시대가 도래하여 '하드웨어'와 함께 '소프트웨어'의 중요성이 더해 가는 시대에, 사람에 대한 평가는 다른 무엇보다 중요합니다. 어느 조직이라도 그 조직이 가지고 있는 휴먼 웨어(인적자원)의 품질 수준에 따라 그 조직의 생산성, 창조성, 경쟁력이 결정되기 때문입니다.

위의 '身言書判'에서 가장 중요한 사항은 물론 '判'입니다. 기업에서 사람을 동원하고 자금을 동원할 때 최고 경영자는 판단력을 행사합니다. 이때의 판단력은 '상황과 세상을 보는 안목'입니다. 상황을 바로 보고 세상을 멀리 내다보는 CEO가 올바른 판단을 할 수 있습니다. 이런 CEO를 두고 세상에서 평하기를, 안목이 넓고, 높고, 깊다고 합니다. 안목은 다른 말로 하면 통찰력입니다. 통찰력과 판단력은 CEO의 덕목 중에서 필수 요소입니다. 옛 선비들이 사람을 판단할 때의 기준이었던 '身言書判'이 오늘날에도 그대로 인물을 평가하는 잣대로 적용될 수 있다고 생각합니다. 다른 어느 잣대보다 사람을 평가하는 잣대로는 안성맞춤입니다. 자신의 품성과 품질을 평가해 보고 싶은 사람, 자신의 품질을 높이고 싶은 사람은 '身言書

判'에 의한 자기평가를 해보는 것도 도움이 될 것입니다.

또 한 가지, 자신이 하고 있는 일에 대한 목적을 알고 그 일에 대한 사명의식을 갖는 것이 중요합니다. 강하고 투철한 사명감을 이길 수 있는 어떤 이념도 존재하지 않습니다. 사명감이란 어떤 사람이 가지는 것일까요? 이런 얘기를 들어 보신 일이 있으시죠? 중세에 어느 성당 신축 공사장에서 벽돌을 만드는 벽돌공 세 사람에게 신부님이 물었습니다. 왜 그 일을 하고 있느냐고요. 신부님의 질문을 받고 벽돌공 세 사람은 각각 다르게 대답했습니다. 한 사람은 "보시는 바와 같이 지금 벽돌을 찧고 있습니다." 또 한 사람은 "누군 하고 싶어서 하나요? 먹고 살기 위해서 이렇고 벽돌을 만들고 있는 거죠." 한 사람은 "저는 지금 위대한 성전을 짓는 데 필요한 귀중한 벽돌을 다듬고 있습니다. 제가 만든 벽돌은 제일 튼튼하죠."라고 각각 대답했습니다.

내가 지금 하고 있는 일의 목적을 분명히 알아야 합니다. 이것이 바로 전체성의 파악입니다.

CEO는 조직 구성원이 전체성을 파악할 수 있도록 끊임없이 소통해야 합니다. 프로는 전체를 알고, 그 전체를 위해 스스로 유익한 도움이 될 수 있는 사람입니다. '평생직장'과 함께 '평생직업'시대에는 전체를 파악하고 전체의 파이를 키울 줄 아는 '애사심'과 함께

'애직심'을 가진 '전문인'이 필요합니다. 프로가 많은 조직이 창조적 조직입니다. 최고 경영자는 임직원을 프로로 만들어야 합니다.

내부전략

기업인을 '비즈니스 맨'이라고 부릅니다. 영어의 busy에서 나온 말입니다. 문자 그대로 직역하면 '바쁜 사람' 정도입니다. "바쁜 꿀벌은 슬픔을 모른다."는 서양 속담이 있지만, 기업인은 자신을 돌아볼 여유도 없이 앞만 보고 뛰어야 하기 때문에 나온 말인 것 같습니다. 한자로 '企業人'이라고 써보면, '업' 앞에 있는 '기'자는, 사람 '인'(人)자 밑에 멈출 '지'(止)자로 구성되어 있습니다. 이 글자가 상징하는 것은 서양과 다릅니다.

서양에서는 기업인을 바쁘게 뛰어다니는 사람을 상징하는 데 비하여, 동양에서는 기업인이란 '업'을 앞에 두고 사람이 멈춰 서서 앞으로 갈 길을 살펴본다는 뜻을 갖고 있습니다. 사람이 걸음을 멈추는 목적은 멀리 앞을 내다보면서 자신의 갈 길을 살펴보기 위해서입니다. 동양에서는 '업'의 먼 앞날을 내다보고 통찰하기 위해서 잠시 멈춰 서서 조망하는 사람을 기업인이라고 말하고 있는 것입니다.

기업에서 가장 많이 쓰는 말에 '관리'라는 말이 있습니다. 이 말은 영어의 management를 일어한자로 번역한, 일본인이 만든 말입니다. management는 기업인의 여의봉이 된 지 오래입니다. 요즘은 '관리'라는 단어보다 '전략'이라는 말을 많이 쓰고 있죠. strategy라는 말이 유행된 지도 오래되었습니다. 예를 들어 '내부관리 형'이라는 말보다 '내부전략 형'이라는 말이 더 많이 쓰이고 있지요. 기업은 아무리 내부관리를 잘해도 외부의 변화나 급작스런 변수에 능동적이지 못하면 침몰합니다. 오늘날 기업은 '고객'을 가장 중요한 변수로 인식하고 있습니다. 따라서 기업의 '관리'는 시장, 고객을 상대하는 외향적으로 발전해 왔고, 기업의 '전략'도 외부의 시장, 고객관리를 넘어서서 변화무쌍한 지구촌 정보를 더 많이 파악하기 위해 국제적, 세계적으로 눈을 돌리는 등 확대 일변도로 발전했습니다.

필자는 일본에서 17년간 주재한 경험이 있습니다. 일본인의 특징 중 하나는 남이 얘기를 할 때 경청한다는 것입니다. 상대방의 얘기를 귀담아 열심히 들어 줍니다. 경청의 요령도 터득되어 있어서 말끝마다 "그렇습니까?" "아 그렇군요." "정말이군요." "과연 그렇군요."를 연발합니다. 대화에서 중요한 추임새를 잘 넣어 줍니다. 우리나라 사람에게서 찾아보기 힘든 경청의 모습입니다. 옛날에는 일본인보다 한국인이 추임새를 더 잘했다는군요. 원래 우리 민족은 추임새를 좋아하고 추임새를 아주 잘하는 민족이었다고 합니다. "그렇지." "그렇군." "얼씨구." "지화자." "좋-타." 등은 모두 추임새를 넣는 단어들인데요. 이러한 추임새 말은 판소리할 때 고수가 흥을 돋우어 주는 경우에나 쓰이고 있지, 일반 대화에서는 추임새가 잘 사용되지 않고 있는 것이 현실인 것 같습니다.

얼마 전 강의를 들으러 갔다가 목격한 사실이 있습니다. 아주 훌륭한 강의를 들으면서 고개를 끄덕이던 사람이 밖으로 나와서는 "별것 아니네." "별로 새로운 게 없네." 하면서 가혹하게 평하는 말을 들었습니다. 우리나라 사람들은 웬만해서는 남을 인정하거나 칭찬해 주려 하지 않는 것 같습니다. 호기심을 느끼거나 감탄하기보다 남을 비하하거나 힐난하는 일에 더 능숙한 것 같습니다.

일본 NEC의 구마모토 반도체 공장에서 실제로 일어났던 이야기를 하나 하려 합니다.

큐슈 지방에는 반도체 공장이 여럿 있는데, NEC의 공장 중에서 하필 구마모토 공장만 다른 공장에 비하여 불량률이 높게 나왔습니다. 공장장 이하 전 종업원이 불량률을 낮추기 위해 갖은 노력을 경주하는데도, 좀처럼 불량률은 줄어들지 않았습니다. 어느 날 교대근무를 하러 출근하던 여공 한 사람이 건널목에서 화물 기차가 지나갈 때까지 서 있었는데요. 유난히 긴 화물차량이 지나가는지라 꽤 오랜 시간을 한 자리에 서 있었는데, 평소에 느끼지 못했던 열차의 진동이 몸에 와 닿는 것에 신경이 좀 쓰였다고 합니다. 여공은 혹시 이 진동이 민감한 반도체 공정에 영향을 주는 것은 아닌지 생각하면서 출근을 했습니다.

여공은 출근 즉시 조장에게 자기의 생각을 이야기했고, 조장은 열차가 지나가는 시간에 작업을 멈추고 주의 깊게 살폈지만 별 진동을 느낄 수가 없었습니다. 그러나 조장은 여공의 얘기를 공장장에게 보고했고, 공장장은 "아, 과연 그럴 수 있을지도 모른다."라는 생각을 하게 되었습니다. 그는 즉시 열차 선로와 공장 사이에 긴 호구를 파고 그 속에 물을 대서 진동 흡수장치를 마련하도록 했습니다. 그런 다음 작업을 하니까 아니나다를까, 그날로 불량률이 뚝 떨어졌다고 합니다.

여기서 우리는 생각할 수 있습니다. 만일 그때 조장이 여공의 말을 별게 아니라고 묵살해 버렸다거나, 또는 공장장이 "네가 뭘 안다고 그래? 내가 공장장을 몇 년째 하는데." 하면서 자신의 권위나 경륜을 내세웠다면 결과는 어떻게 되었을까요? 반도체 불량률을 낮추지 못한 공장은 적자생산에 허덕이면서 회사 전체의 암적 존재가 되는 불운을 면치 못했을 것입니다.

일본 회사에 전화를 걸어서 누구를 찾으면 자주 귀에 접하게 되는 말이 있는데, 바로 "지금 협의(일본말로 '우치아와세' 打合) 중입니다."라는 말입니다. 이 말은 지금 다른 사람과 업무협의를 하고 있다는 말입니다. 그래서 그 협의가 끝날 때까지 전화를 바꾸어 드릴 수 없으니까 이쪽에서 다시 전화를 해드리든지, 아니면 다시 한 번 전화를 주십시오, 하는 의미가 들어 있습니다.

필자는 일본에 주재하면서 상대방 회사 직원들의 업무 방식을 유심히 보았습니다. 일본 사람들은 혼자서 북치고 장구치고 하는 법이 절대로 없는 조직사회였습니다. 우리가 볼 때는 혼자서 능히 처리할 수 있는 일인 것 같은데도, 하나의 일을 여러 사람이 장구치고 북치고 장단을 맞추듯이 분담해서 일을 했습니다. 특히 새로운 프로그램의 일을 할 때는 미리 손발과 호흡을 맞추는 예비 작업을 관계부서끼리 반드시 해두는 조직 풍토를 가지고 있었습니다.

스케줄 짜는 일까지도 '우치아와세'를 통해 다시 반복하고 확인하여 실수를 예방하려는 시스템이 몸에 배어 있었습니다.

회사의 업무는 대부분 혼자 할 수 있는 일이 거의 없습니다. 모두 옆에서, 혹은 밖에서 누군가가 도와줄 때 가능해집니다. 팀 내부에서 팀원들끼리 아주 사소한 문제까지도 소통을 해두면 상호 보완작용이 발동하기 쉽습니다. 특히 팀과 팀 간의 대화와 업무협의는 유기적 협력을 이끌어 내고, 시장과 고객에게 발생할 수 있는 돌발적 불만을 사전에 차단하는 데 긴요한 요소입니다.

우리나라 사람들은 '말을 듣기'보다 '말을 하는' 언어습관이 강합니다. "말 못 해 죽은 귀신 없다."라는 속담이 있을 정도로 말하는 쪽을 선택하는 언어문화 전통이 강합니다. 임금 앞에서, 또는 정적 앞에서도 말을 하고 귀양을 가든가, 잘못되어 사약 사발을 받을지언정 말을 하고야 마는 언어문화가 강합니다. 정말 말 못 하고 죽은 귀신은 이 땅에 없을 것입니다.

우리 기업들이 한창 일본으로부터 기술을 배우던 시절의 이야기가 생각납니다. 애써 비싼 돈을 들여서 일본 기술자를 공장에 초청해 놓고는 별로 배우려 들지 않는 이상한 현상이 발생한 적이 있었습니다. 회사의 고위층에서는 기술이 필요해서 고급 기술자를 해외에서 초청해 놓았는데, 공장의 현장에서는 겸허하게 배우려고 하기는커녕 '나도 그 정도는 알고 있는데 네가 알면 얼마나 아느냐?'라는 태도로 따돌려 버리거나, 오히려 '터줏대감인 내 맛 좀 봐라.'라는 식의 반대의견을 내놓아 기술을 가르치러 온 사람의 기를 꺾어 놓으려 드는 일이 다반사로 일어났습니다. 실제로 삼성전자에서 일어난 일화를 소개합니다.

하루는 삼성그룹의 이건희 회장이 해외출장 길로 비행기를 타려는데, 일본인 기술고문이 편지봉투를 하나 건네주었습니다. 그것을 받아 그는 비행기 안에서 다 읽어 보았습니다. 그 편지에는 구구절

절 분통 터지는 사연이 적혀 있었습니다. 그 사람은 많은 돈을 받고 초청을 받아 한국으로 왔는데, 현장에서 따돌림 당해 상대할 사람이 없다는 것과, 아무리 기술지도를 하려 해도 공장 사람들이 말을 들으려고도 하지 않는다는 것이었습니다. 그러면서 "나는 돈을 많이 받고 왔는데 일은 아무것도 못 하니, 너무 미안해서 돌아가야겠다."는 내용을 토로했다는 것입니다. 이건희 회장은 편지를 읽고 난 뒤에 "아! 이래서는 안 되겠구나. 다 바꾸어야겠구나! 생각을 바꾸든지 사람을 바꾸든지 해야겠구나!" 하고 탄식했다고 합니다. 그래서 그는 "마누라와 자식 말고는 다 바꾸자!"라는 그 해(1993) 신년사를 하게 된 것입니다. 이 말은 변화, 변혁, 혁신을 요구하는 말로서 우리나라 기업계에 한동안 유행한 유명한 말이 되었습니다.

이건희 회장은 삼성의 기업 문화를 확 바꿨습니다. 의사결정 구조도 '중앙집권'에서 '사업별 분권화'로 바꿨습니다. 직원의 창의력을 강조하고, 세계의 변화를 삼성에 수용하기 위해 매년 400여 명을 해외에 내보내 지역 전문가로 키우기로 했습니다. 이건희 회장은 경영의 고비마다 새로운 화두를 던지며 삼성의 혁신을 주도했는데요. 그의 대표적인 쇄신어록 중에서 필자의 기억에 남는 말은 다음의 5가지입니다.

1993년 - 마누라와 자식만 빼고 다 바꿔라.

1995년 - 우리나라의 정치는 4류, 관료와 행정 조직은 3류, 기업은 2류다.

2002년 - 21세기는 탁월한 한 명의 천재가 10만~20만 명을 먹여 살린다.

2005년 - 월드 프리미엄 제품이 되기 위해서는 기술은 물론 감성의 벽까지 넘어서야 한다.

2007년 - 우리나라는 중국과 일본 사이에 끼인 샌드위치 신세가 됐다.

삼성전자는 노조 없는 회사로 유명합니다. 다른 경쟁 회사에서 임금투쟁, 파업 등으로 회사의 에너지가 허비되고 있을 때, 삼성은 연구 개발비를 늘리고 공장 자동화에 박차를 가하여 세계 시장에서 경쟁력을 한 단계 높일 수 있었습니다. 이건희 회장의 리더십 중에서 돋보이는 특징은 '세상의 변화'를 남보다 먼저 읽어 내고, 그에 따른 '내부전략'을 단단히 갖추도록 회사의 시스템을 만드는 데 리더십을 발휘했다는 점입니다. 변화의 파도가 급류로 엄습하기 전에 변화를 선도할 수 있는 새로운 '내부전략'을 창조해 내는 것입니다. '외부변화'의 감지와 '내부전략'의 수립은 기업의 존립과 성장에 절대 필요한 요소입니다. 기업 경영뿐만 아니라 국가 경영에서도 대단히 중요한 사안입니다.

조선왕조 역사에서 외침으로 인해 일반 백성의 삶이 가장 많이 유린당한 참혹한 전쟁은 7년간 계속된 임진왜란과 정유재란이라고 할 수 있을 것입니다. 1592년 4월 13일 고니시 유키나가(小西行長)

가 이끄는 왜군 선발대가 부산 연안에 상륙함으로써 임진왜란은 시작됐습니다. 조총으로 무장한 일본군이 부산에서 서울까지 점령하는 데 채 20일이 걸리지 않았습니다. 일본은 이미 화란과의 교역으로 조총을 대량 생산할 수 있는 화력 기술을 가지고 있었습니다. 당시 조선의 임금 선조는 백성의 생명 안위와 재산의 보호보다 종묘의 안위와 왕권 수호에만 관심이 집중되어 있었습니다. 조선의 장수는 녹봉이 없었고, 병사는 병기가 없는 실정이었습니다.

이는 무엇을 말해 줍니까? 조선의 국권은 '외부변화'의 감지에 눈이 멀어 있었다는 증거입니다. '내부전략'의 수립은 꿈에도 생각 못했던 것입니다.

왜군이 한반도를 휩쓸고 두만강까지 단숨에 쳐들어오자 명나라는 요동과 북경의 안위에 위협을 느껴 원군을 보냈습니다. 명의 원군이 들어오자 일본(왜)은 조선을 분할하자고 중국(명)에 제안했고 (조선의 8도 중에 남쪽의 4도를 왜가 요구), 명은 왜군과 싸울 생각을 하는 대신 왜와 조선 분할에 대한 전쟁 협상을 시작했습니다. 명과 왜의 전쟁강화 협상이 시작된 이래로 조선 조정은 철저히 소외되었고, 왜군의 약탈과 포로 사냥으로 백성들만 최악의 고통을 겪어야 했습니다. 또 명은 조선에서 내정간섭을 일삼으며 왜군이 물러간 뒤에도 군대를 장기간 주둔시킴으로써 조선 백성들을 유린하고 막대한 민폐를 끼쳤습니다. 임진왜란은 한반도 안에서 '중일전쟁'을 방불할 만한 전쟁으로 성격이 뒤바뀌어 갔던 것입니다.

한반도 분단은 400여 년 전 임진왜란 때 이미 왜와 명 사이에 거론되었던 일입니다. 외세에 의한 한반도 분단 소동은 이렇게 오래전으로 소급됩니다. 왜군의 침략과 명군의 진입은 한반도 '분할전쟁'으로 변하고 있었던 것입니다. 잘못 대처하면 조선의 국토는 두 동강이 나든가 어느 한 나라에 짓밟히는 최악의 국면으로 빠지게 되어 있었던 것입니다.

그럼에도 불구하고 조선은 중국과 일본 두 강국 사이에서 망하지도 분할되지도 않고 살아 남았습니다. 그것은 당시의 영의정 유성룡의 탁월한 리더십 덕분입니다. 유성룡은 왕권을 지키는 데 급급한 선조를 보위하며 설득해야 했고, 한편 싸울 생각도 하지 않고 간섭만 하는 명군 지휘부를 달래느라 온갖 고투를 벌여야 했습니다. 그의 리더십이 가장 돋보인 부분은 육군이었던 이순신을 일약 7단계나 승진시키면서 수군 장수로 임명한 판단력, 결단력, 추진력을 들 수 있습니다. 위기를 돌파하기 위해 기존의 패러다임에서 완전히 벗어나는 특별 '기용 인사'를 단행한 것이지요.

유성룡은 선조와 대부분의 신려들이 명에 의존하고자 할 때, 스스로 힘을 길러 외침을 물리쳐야 한다고 주장했습니다. 그는 왜와 명의 직접 협상이 두 나라 전쟁의 본질적 화두를 '조선 분할'로 삼고 있었음을 감지하고, 왜와 명이 직접 협상하는 것을 막아야 한다고 생각했습니다. 결국 그의 노력은 성공하여 조선은 분할되지 않고 휴전이 이루어졌습니다. 일촉즉발의 '조선 분할'을 막은 최대의 공로자는 유성룡이었습니다. 동아시아 해역의 패권을 장악함으로써 왜군의 보급로를 성공적으로 차단했던 이순신 장군의 23전 23승의 해전 승리는 왜군의 군력을 약화시키는 데 결정타를 날렸습니다. 그리고 오직 애국심 하나로 조선 선비들이 전국의 의병장으로 나서서 봉기한 항일전투가 구국의 승리를 가져오는 데 큰 힘을 보탰습니다.

임진왜란 때 유성룡의 리더십에서 우리가 배워야 할 점은 위기 상황에 대처하는 지도자의 패러다임 혁신입니다. '외부변화'에 대응하는 '내부전략'의 수립에는 '패러다임 혁신'이 필요합니다. 패러다임 혁신 없이 성공할 수 있는 내부전략은 존재할 수 없기 때문입니다.

파동적인 사람

사람의 자질을 나누어 보면 ① 자기 중심적인 사람이 있고 또 ② 자기 희생적인 사람이 있습니다. 물리적 관점에서 보면 '입자적인 사람'이 자기 중심적인 사람이고 '파동적인 사람'은 자기 희생적인 사람입니다. 자기 중심적인 사람은 입자가 자기의 중력을 갖고 있듯이 안으로 응축하려는 구심력이 아주 왕성합니다. 따라서 주관적, 독단적, 독선적, 고답적, 폐쇄적으로 일을 처리하는 성향이 강합니다. 반면에 자기 희생적인 사람은 입자가 아니라 파동이 자기의 중심적 성향이기 때문에 밖으로 뻗어 나가려는 원심력이 왕성합니다. 따라서 객관적, 개방적, 유동적, 융합적, 통합적으로 일을 추진하는 사람이 될 수 있습니다.

입자와 파동은 서로 상반되는 성질을 가지고 있습니다. 하지만 중심축을 향하여 하나로 연결되어 있기 때문에 입자적 자기의 영향권과 파동적 자기의 영향권을 반복하여 움직이게 됩니다. 결국 이러한 반복 운동을 통하여 사람은 개인적 창의력을 발휘할 수 있습니다.

　개인이 모여 있는 집단에도 구성원 전체 인원이 통합된 일체로 움직일 수 있는 에너지가 생겨납니다. 이렇게 통합된 에너지를 형성할 수 있는 것은 파동성 에너지의 힘입니다. 입자성 에너지는 구심력을 발휘하여 중심축을 잡는 데 필요하고, 파동성 에너지는 원심력을 발휘하여 통합과 융합을 이루는 데 필요한 것입니다. 사람은 누구나 입자성과 파동성을 동시에 갖고 있습니다. 다만 입자성이 강한 사람과 파동성이 강한 사람이 있을 뿐이지요. 스스로를 돌아보면 자신이 입자성이 강한 사람인지 파동성이 강한 사람인지 분별할 수 있습니다. 스스로 자기 자신이 입자성이 강하다고 느끼는 사람은 파동성을 강화하는 훈련을 할 필요가 있습니다. 파동성이 강하다는 것은 구심력이 30%라면 원심력이 70% 정도는 되는 사람입니다. 파동성의 에너지가 입자성의 에너지보다 2배 이상이 되어야 원심력을 최대한 발휘할 수 있습니다. 파동성이 강한 사람은 조화와 소통을 잘 이룹니다. 조직에는 입자성도 필요하지만 파동성이 입자성보다 2배는 더 필요합니다.

　우리가 살고 있는 자연계에서 일어나는 모든 동적 현상은 에너지의 균형과 조화를 이루기 위해 발생하고 있습니다. 유체 역학적으로 보면 모든 활동은 경쟁이 아니라 조화를 위한 것입니다. 우리의 몸이든 자연이든 모두 통하면 아프지 않고 통하지 않으면 아픈 현상을 우리는 우리 자신의 신체를 통해 확인할 수 있습니다. 우리가 접하는 자연에 대해 생각할 때 우리는 자연과 경쟁할 수는 없습니다. 자연과 조화를 이루어야만 자연의 에너지를 활용할 수 있습니다. 우리가 해야 할 일에 대해 생각할 때 우리는 우리 앞에 놓여 있는 일과 경쟁할 수는 없습니다. 우리는 우리의 일을 조화의 대상으로 삼아야 합니다. 중요한 것은 서로 조화적으로 '상호 소통'하는 것입니다. '조화와 소통'은 '상생'을 만들어 가지만, '경쟁과 독단'은 '상생'을 파괴할 뿐입니다.

나의 경쟁 상대

농업의 본질은 '열매'를 열게 하는 일이고, 공업의 본질은 '제품'을 완성하는 일이며, 상업, 서비스, 정보 그리고 기술의 본질은 모든 것을 '소통'하는 일입니다. 사람은 먹어야 살기 때문에 열매를 열게 하는 농업은 산업의 근본입니다. 그래서 농업을 1차 산업이라고 합니다.

농사 중에서도 사람 농사는 가장 중요합니다. 생산력, 경쟁력, 창조력의 제1조는 사람 농사입니다. 농업, 공업, 상업, 정보, 기술의 품질은 사람이 만듭니다. 도배하는 사람이 도배의 품질을 결정하고, 배달하는 사람이 배달 서비스의 품질을 결정합니다. 설령 공장의 자동화를 한다 하더라도, 그 자동화의 품질은 사람에 의해 결정되고, 하드웨어를 만들고 소프트웨어를 만들 때도 그 품질은 사람에 의해 좌우됩니다. 그러므로 좋은 품질의 것을 만들려면 먼저 좋은 사람을 만들어야 합니다. 모든 품질은 사람에게서 나옵니다. 품질을 높이려면 사람의 품질이 높아져야 하고, 품질 혁신을 이루려면 사람 품질을 혁신시키지 않으면 안 됩니다. 먼저 사람이 다듬어져야 상품 품질과 서비스 품질이 다듬어집니다. 사람이 혁신되어야 상품 품질은 물론 서비스 품질이 혁신되는 것입니다.

사람 농사의 제1조는 책임 정신입니다. 도산 안창호 선생의 말씀을 들어 볼까요?

"묻노니 여러분이시여! 오늘 대한 사회에 주인 되는 이가 몇 분이나 되느뇨? 민족 사회에 대하여 스스로 책임감이 있는 이는 주인이요, 책임감이 없는 이는 객이다. 진정한 주인에게는 비관도 없고 낙관도 없으며, 오직 어찌하여 우리 민족 사회를 건질까 하는 책임뿐이다."

도산 안창호 선생은 대한제국이 망한 원인을 국민의 책임 정신 부재에서 발견했습니다.

일본은 세계 최고의 품질을 내놓을 수 있는 '품질의 나라'로 지구촌에 알려져 있습니다. 세계 제일의 품질을 내놓는 일본인이 제품을 만드는 동기는 그들만의 '장인정신'에서 나옵니다. '장인정신'의 근본은 '책임 정신'입니다. '책임 정신'에서 정성, 성의, 열심, 집중이 나오며, 그런 행위의 바탕은 '정심'에서 시작됩니다. 정심은 모든 일의 기본입니다. 필자가 생각하기에 일본의 정치인은 정심이 결여되어 있는 것 같은데, 일본의 기업인은 그렇지 않은 것 같습니다.

우리나라는 좁지만, 지구촌의 세상은 넓습니다. 기업은 작지만,

세계 시장은 큽니다. 기업이 성장하고 발전하려면 '정심'을 가진 인재를 많이 길러야 합니다. 그런 다음 기업 문화를 높이고 기업가치를 창조해야 합니다. 우리에게 필요한 경쟁력은 '도덕력', '학습력', '생산력', '창조력', '융합력'에서 나옵니다. 현대그룹을 창업하여 세계적 기업으로 키운 정주영 회장은 늘 직원들에게 이런 말을 했습니다.

"우리 회사가 발전하고 성장하는 데 필요한 경쟁력은 직원들 여러분에게서 나온다. 여러분이 일본 회사의 직원들보다 경쟁력이 있으면, 우리 회사는 일본 회사보다 경쟁력을 가질 수 있는 것이다. 사원이면 사원, 과장이면 과장, 부장이면 부장, 임원이면 임원이 일본 회사의 같은 위치에 있는 사람들과 비교하여 각각 생산성이 높아지고 경쟁력이 생겨날 때, 우리 회사는 일본 회사보다 나아질 수 있다."

정주영 회장은 자신의 경쟁력에 대해서도 이렇게 말했습니다.

"나는 일본 회사의 회장들보다 모든 면에서 경쟁력을 우위로 가지기 위해, 일을 시작할 때 그들이 한 시간 생각하면 나는 두 시간을 생각하고, 그들이 한 시간 일을 하면 나는 두 시간을 일해야 한다고 다짐하면서 오늘도 회사에 출근하고 있다."

정주영 회장의 좌우명은 '일근천하무난사(一勤天下無難事)'로 알려져 있습니다. 청운동 자택의 거실에 걸려 있는 글입니다. '사람은 자신이 부지런하면 세상에 어려운 일이 없다.'라는 뜻입니다. 정주영 회장은 '근면' '검소' '친애'를 현대 그룹의 사훈으로 삼았습니다.

현대건설에 신입사원으로 입사하고 30대 후반에 최고 경영자가 되어 샐러리맨의 신화를 창조한 이명박 전 서울특별시장은 대선에서 당선하여 2008년 2월 청와대로 들어갔습니다. 그는 청와대 근무의 제1성으로 이렇게 말했습니다.

"청와대는 일하는 곳이다. 나는 국내의 정치인과 경쟁할 생각이 없다. 나는 외국의 대통령(국가 최고 지도자)과 경쟁해야 하는 대한민국의 대통령이다."

이명박 대통령이 자신의 경쟁 상대가 외국의 대통령이라는 것을 인식하고 있음을 볼 때 정주영 회장의 영향을 크게 받았다고 생각합니다. 우리가 자신의 경쟁 상대가 누구인가를 정확하게 파악할 때 우리의 경쟁력은 향상될 수 있을 것입니다.

기업의 경쟁력

세계 시장을 놓고 볼 때 서양에서는 '유태인'의 상술을 따라올 자가 없고, 동양에서는 '인도인'의 상술을 따라올 자가 없을 것이라고 합니다. 동양에서는 전통적으로 인도인의 상술이 앞장서 온 것이 사실이지만, 일본인의 상술 또한 만만하지 않아서, 오늘날 서양에서는 인도인보다 일본인의 상술을 한 수 더 높이 쳐주고 있습니다.

일본인은 세계가 인정하듯이 '실익 위주'와 '긴 안목'으로 장사하는 것이 특징입니다. 일본인은 '다테마에(建前)'와 '혼네(本音)'를 교묘하게 섞어서 최종 이익을 목적으로 활용하는 기술을 가지고 있습니다. 여기서 '다테마에'는 '명분, 원칙'이고 '혼네'는 '실익, 속셈'입니다. 여기에 비하면 한국인은 일본인이 가지고 있는 긴 안목의 특징이나 명분과 실익의 이중적 수단을 십분 활용하여 실용 기술을 구사하는 방식과는 상당히 거리가 멀다고 할 수 있습니다. 일본인은 결국 명분을 내세우는 '다테마에'가 아니라, 실익을 담보하는 '혼네'로 승부합니다. 한국인은 실익보다 명분의 굴레에서 끊임없이 고뇌하고 방황하는 관습을 갖고 있습니다. 실익을 원하지 않는 것은 아니지만, 사안의 명분과 원칙 확보에 투철합니다. 또 일본인과 비교해 볼 때 안목의 비 거리는 상대적으로 짧은 것이 현실인 것 같습니다.

일본인의 상업적 마인드는 꽤 긴 역사를 가지고 있습니다. 일본 열도에서 66개 지방 토호국을 최초로 통일한 사람은 오다 노부나가입니다. 오다 노부나가의 조부는 상업을 통해 부를 축적한 사람인데, 그는 조부로부터 체면이나 염치 따위는 전혀 무시하는 실용주의를 배웠습니다. 실익이 있다면 정략결혼도 서슴없이 하고, 실익이 있다면 아무리 미천한 신분이라도 인물을 널리 발탁하는 결단력을 길렀습니다. 그가 스카우트한 토요토미 히데요시는 천민 출신에다가 거지로 떠돌아 다니는 부랑아에 불과했지만, 귀족 출신보다 더 귀한 신분으로 출세하게 만든 것입니다.

오다 노부나가 시절에 일본은 상인들의 세력이 강화되었고, 화폐제도가 정착되었으며, 공업 생산력이 발달하여 무기 제조가 본격화되었습니다. 일본인의 무기 제조 스승은 포르투갈 사람입니다. 1543년 다네가시마에 기항한 포르투갈 사람들로부터 서양식 조총 제조법을 배웠습니다. 그로부터 32년 후 오다 노부나가는 세계 최초의 3단 편성 연속 집중 사격술을 개발해 냈습니다. 조총은 포르투갈인이 처음 만들었는데, 조총의 '연속 집중 사격술'은 일본인이 세계 최초로 고안해 냈습니다. 오다 노부나가는 이 기술로 다케다 신겐의 무적 기병대 1500명의 돌격을 일시에 전멸시킬 수 있었습니다. 그로부터 17년 후 토요토미 히데요시는 28만 명의 병력과 10만 정의 조총으로 무장하고 조선 왕국을 초토화시켰는데, 이것이 한반도 최대의 치욕적 외침인 임진왜란입니다.

일본인의 상술 스승은 네덜란드 사람들입니다. 1700년 일본의 관료들은 네덜란드어를 배우기 시작했습니다. 그리하여 유럽의 발달된 수학, 천문학, 군사학, 화학, 의학 등을 섭렵하기 시작했던 것입니다. 미국과 일본이 통상 교류를 하게 됐을 때, 영어에는 서툰 반면 네덜란드어에는 능통한 일본 관료들을 보고 미국 관료는 놀라움 속에서 일본을 경계했다고 전해집니다.

동양에 들어온 서구 문명이란 한 마디로 말하면 가톨릭 문명입니다. 북경을 통해 가톨릭이 들어왔을 때 한반도에서는 1801년과 1839년 두 번에 걸쳐 신부와 신도를 무참히 학살하는 심한 박해를 가했지요. 그러나 일본에서는 가톨릭 문명을 최대한 이용해서 가톨릭을 따라 들어온 과학 기술과 서양 정보를 섭렵하여 일본에 맞는 것으로 개량하고 실익을 챙기는 정책을 썼습니다. 일본은 종교를 수입하지 않고도 서양의 과학 기술과 문화를 수입하는 지혜를 발휘했습니다.

오다 노부나가는 유럽보다 100여 년 앞서서 '정치'와 '종교'의 분리를 단행한 지도자였습니다. 그는 직업군인 제도를 창설하여 국방을 든든히 했을 뿐만 아니라 중국, 인도까지 정복하겠다고 호언하는 기개를 발휘한 인물입니다. 일본인의 상술이 발달하게 된 데는 상인을 우대하기 시작한 오다 노부나가의 지도력이 큰 힘이 되었습니다. 조선왕조에서 사농공상(士農工商)의 질곡이 계속되었던 것과는 대조되는 사회 현상입니다.

일본인의 상술은 근대에 들어오면서 높은 국가 경쟁력을 창출하는 엔진 역할을 하게 됩니다. 일본인의 상술은 '장기적 관계'를 선호하는 고유한 특징을 만들어 갔습니다. 한 번 거래를 시작하면 웬만한 일 없이는 계속해서 장기적인 거래를 유지하는 관습이 발전한 것입니다. 이것은 회사 내부의 인사 조직에서도 그대로 나타났습니다. 한 마디로 고용주와 피고용인 사이의 장기적인 관계입니다. 이러한 관습이 일본 기업에는 긍정적 영향을 주었습니다. 즉 기업의 고용주와 피고용인 사이에 안정적인 신뢰 관계를 형성시켰고, 나아가 모기업과 관계 계열사 기업, 대기업과 하도급 회사 간의 상호 협력관계로 이어져 간 것입니다. 이러한 형태를 일본의 경제학자들은 '네트워크 자본주의'라고 부릅니다. '그물 자본주의'라고 부르는 학자도 있습니다. 미국의 '자유시장 자본주의'와는 대비되는 개념이기도 합니다.

'네트워크 자본주의'는 각 단위마다 독자성이 있으면서도 상호 밀접하고 유연한 관계를 조성할 뿐만 아니라, 사회비용 절감에도 큰 도움이 되는 이점이 있습니다. 세계 시장의 국제입찰 경쟁에서 유독 일본 기업만이 내부적 협력 조정이 잘되어 높은 가격에 수주를 하는 사례에서 잘 나타나듯이, 국가 경쟁력이 높아지는 중요한 요소인 것입니다. '네트워크 자본주의'가 성립되기 위해서는 다른 여러 가지 요인과 특수성이 내재되어야 하지만, 무엇보다 확실한 것은 동일한 비전과 목표를 가져야 한다는 사실입니다. 일본인은 동일한 비전과 목표를 가지고 있는 것이 특징입니다. 비전과 목표를 구성원 모두의 것으로 확산시켜 공감대를 획득하고 있기 때문에 강력한 협력이 가능한 것입니다.

'네트워크 자본주의'의 거래 장점은 마진율이 낮다는 것입니다. 한국은 제조업 마진율은 낮은데 유통 마진율은 상대적으로 대단히 높습니다. 미국은 제조업 마진율은 상당히 높은 반면 유통 마진율이 비교적 낮은 것이 일반적 거래 현상입니다. 그러나 일본은 제조업 마진율이 낮을 뿐만 아니라 유통 마진율도 매우 낮다는 특징을 보입니다. 마진율이 경쟁 상대 국가보다 낮다는 것은 그만큼 국가 경쟁력이 높다는 것을 의미합니다. 오늘날 낮은 마진으로 장기적인 거래를 원하는 일본 기업의 상술은 글로벌 시대에 일본의 국가적 경쟁력이 되었습니다. 우리나라에서는 높은 유통 마진율이 화두에 올라 있습니다. 공산품의 유통 마진율도 높지만, 농수산물의 유통 마진율이 너무 높습니다. 특히 수입 제품의 높은 유통 마진율 때문에 소비자 부담이 타국에 비해 무거워져 있습니다. 제조업 마진율과 유통 마진율은 가격 경쟁력의 두 바퀴이기 때문에, 민간뿐만 아니라 정부에서도 관심을 가지고 좋은 정책을 만들어 가야 할 것입니다.

관리 기술과 관리 교육

사람은 혼자 있어도 '자기 관리'가 필요합니다. 사람이 2인 이상 모이면 '관계 관리'가 필요합니다. 조직을 만들어 공동체 생활을 해야 하는 사람에게 관계 관리는 중요한 요소가 될 수밖에 없습니다.

'관리'를 가장 잘하는 사람은 어느 나라 사람일까요? 우리는 독일 기업과 일본 기업 발전의 원동력을 '생산기술'에 있다고 말합니다. 독일과 일본의 생산기술은 세계 최고 수준에 달하여, 세계 최고 수준의 품질을 자랑합니다. 그러나 필자는 독일 기업과 일본 기업의 발전 원동력은 생산기술 못지않게, 오히려 그것을 능가하는 그들의 '관리 기술'에 있다고 생각합니다. 또한 독일 기업과 일본 기업 관리 기술의 꽃은 그들의 '인사관리'에 있다고 봅니다. 이 두 나라의 기업 발전 원동력은 인사관리에 있다고 해도 과언이 아닙니다.

그들의 인사관리 3대 포인트는 ① 종신에 가까운 계속 고용제도 ② 기업 내에 한정하는 노동조합 제도 ③ 생산현장 인력의 유연성 확보 등이라고 할 수 있습니다. 그 중에서도 생산현장 인력의 유연성 확보는 생산성 향상의 요인으로 작용되는 소집단 활동을 중추로 생산현장의 강점을 살리고 현장관리를 강화할 수 있는 시스템입니다. 이런 현장관리 덕분으로 미국이 표준관리에 의한 대량생산 체제를 구축했을 때, 독일과 일본 기업은 개별관리에 의한 소량 다품종 생산체제로 제 빨리 전환할 수 있었던 것입니다. 이런 변화는 생산관리의 우수성으로 증명되었으며, 교육·훈련·연수 등을 포함한 인사관리도 매스 관리에서 개별 관리로 전환되었던 것입니다.

기업이 고객을 상대할 때는 기업의 구성원인 '사람'이 아니라, 그 기업이 만들어 낸 '최종 제품'이나 '최종 서비스'로 상대하는 것입니다. 기업의 최종 제품은 항상 최고의 품질을 유지해야 하는데, 이런 최종 제품을 있게 하는 뿌리는 그 기업의 '관리'에 있고, 최고의 관리를 만드는 것은 그 기업의 '관리 교육'에 있습니다. 그렇기 때문에 기업 인사와 기업 교육은 반드시 연계되어야 하는 동일 시스템입니다.

독일과 일본의 기업 교육은 부분 발상보다 전체 발상에 주안점이 실려 있습니다. 핵심 인력(주력 인력)과 비 핵심 인력(주변 인력)을 구분할 때도 전체 발상에 결손이 가지 않는 방법을 강구합니다. 독일과 일본의 인재개발 교육은 현장 중심과 직무 중심으로 이루어져 왔습니다. 그렇기 때문에 후배 지도육성의 정신과 부하 지도육성의 정신이 내재된 기업 교육이 성공적으로 형성될 수 있었습니다. 오늘날 기업 교육은 개별 기업의 경영 전략과 긴밀히 연계되어 있습니다. 오늘날 세계적으로 기술력이 우위인 나라는 독일과 일본 입니다. 두 나라 기술인의 공통점은 '전통 프라이드'를 버리는 것입니다. 거의 모든 분야에서 '전통 프라이드'를 존중하고 소중히 여기는데, 유독 기술 분야에서는 '전통 프라이드'를 쉽게 버리고 있습니다. 독일과 일본의 기술자는 자기들보다 한 발 앞서 있는 곳으로부터 기술을 배우고 수용하는 것을 긍지로 삼았습니다. 그리고 기술을 수용할 때도 그냥 수용하는 것이 아니라, 자기 나라 풍토에 맞게 개선하고 개량하면서 조금씩 향상, 발전시켰던 것입니다. 특히 독일과 일본 사회에서는 기술인의 3가지 죄악을 다음과 같이 규정하고 있습니다.

첫 번째 죄악은 모르면서 배우지 않는 것이고, 두 번째 죄악은 알면서 가르쳐 주지 않는 것이며, 세 번째 죄악은 알면서 실행하지 않는 것이라고 힘 주어 얘기합니다. 독일인과 일본인의 관리 기술은 기업조직 별로 다분히 내재화되어 있고 습관화되어 있습니다.

사실 기업들은 앞서가는 기업들로부터 벤치마킹 하면서 발전 또는 성장합니다. 생산 분야, 마케팅 분야, 연구 분야, 기타 모든 분야에서 벤치마킹은 가능합니다. 그러나 관리 분야의 벤치마킹은 힘듭니다. 그 중에서 특히 인사 분야의 벤치마킹은 매우 어렵습니다. 사실은 벤치마킹 자체가 어려운 것이 아니라, 그것을 접목시키는 과정이 제일 어려운 것입니다. 예를 들면 채용 제도, 교육훈련 제도 등 범용 분야의 벤치마킹은 어느 정도 이루어질 수 있지만, 좀더 기본적인 인사관리 분야에 들어가면 벤치마킹이 잘 이루어지지 않는 문제점을 발견하게 됩니다. 왜냐하면 모든 관리 분야의 접목은 기존 조직이 갖고 있는 각자 다른 토양의 저항이 있어서 실행이 매우 어렵기 때문입니다. 아무리 좋은 것이 있어도 접목이 안 되면 벤치마킹은 아무 효용이 없는 것이죠.

이런 관점에서 본다면 우리나라 기업의 '생산 기술'과 '관리 기술'을 높이기 위해서는 남이 만들어 놓은 관리 기술을 도입하기보다, 자신의 기업에 맞는 '맞춤 관리'를 창조할 필요가 있습니다. 기업은 토양이 다른 개별기업 중심의 '관리 기술'을 창조하여 구성원에게 '관리 교육'을 시켜야 합니다. 개별기업의 '맞춤 관리'를 통하여 고객에게 최대의 효과를 낼 수 있도록 하는 것이 바람직할 것입니다.

듣기 문화의 경쟁력

독일인과 일본인에게는 듣기 문화가 있습니다. 독일인이나 일본인과 대화를 해보면 참 기이할 정도로 얘기를 잘 들어 줍니다. 자신은 한 마디도 안 하면서 이쪽 말이 끝날 때까지 잘 참으면서 듣기만 합니다. 남의 얘기를 경청하는 문화는 기업이나 정부에도 정착되어 있습니다. 여럿이 힘을 합하여 북 치고 장구 치고, 징 치고 꽹과리 쳐야만 일이 잘되는 법이죠. 그들은 절대로 일을 혼자 하는 법이 없습니다. 장단을 맞추기 위해 미리 호흡과 손발을 맞춰 보는 예비작업을 하는 데 공을 들입니다.

필자는 일본 주재 기간이 길었기 때문에 자연히 일본 정부와 접촉할 일도 많았습니다. 그런데요, 제가 보기에도 일본 정부는 민간의 의견수렴 없이 정책을 추진하는 법이 거의 없는 것 같았습니다. 정부 관료가 가장 많이 사용하는 말이 '벤쿄카이'입니다. 정부 관료가 가장 많이 하는 모임도 '벤쿄카이' 모임입니다. '벤쿄카이'는 '공부회'라는 의미를 가지고 있는 일본말로서 관료와 민간인이 같이 모여 '공부하는 모임'을 지칭합니다. 정부 각 부처의 과장급들은 전문성을 가진 민간 기업의 부장급들과 '벤쿄카이'를 만들어 횡적 유대의 네트워크를 만들어 놓고 있습니다. 정부 기관의 국장급들은 민간 기업의 임원급들과 별도로 '벤쿄카이'를 형성하고 있습니다. 정부 각부의 대신(장관)들은 민간 기업의 사장, 회장들과 별도로 '벤쿄카이'를 통해 의견을 경청하고 교환하는 커뮤니케이션 라인을 만들어 놓고 있습니다. 마치 기업 내부에서 구성원들끼리 미리 손발을 맞추듯, 관과 민이 손발을 맞추는 예비작업을 끊임없이 하고 있는 것입니다. '벤쿄카이'는 일본의 기업 경쟁력, 국가 경쟁력을 높이는 기초 체력을 만들어 내는 상설기구처럼 보입니다. 일본 정부처럼 정부와 민간 사이에 '벤쿄카이'를 많이 활용하고 있는 사례는 국제사회에서 예를 찾아볼 수 없을 것입니다.

일본인에게는 피보다 더 진한 것이 전통 '가업'(家業)의 승계입니다. 전통적으로 일본인은 가업을 세습하는 풍속이 있습니다. 가업을 이어 나갈 만한 자식이 없을 경우에는 양자를 맞이해서라도 가업을 이어 나갑니다. 우동집에서 여관에 이르기까지, 목공소에서 건축업에 이르기까지 몇 대에 걸쳐 가업을 이어 나가며 전통을 지킵니다. 300여 년 전 '에도 시대'의 상표가 현대사회에까지 남아 있는 경우가 비일비재합니다. 이런 가업을 지켜 나가는 전통이 지구촌에서 일본에만 있는 천년 수명을 지닌 기업을 탄생시킨 토양이 된 것이 아닐까요?

한편 어느 사람의 이름을 세습하는 제도가 현재까지 이어지기도 합니다. 차도, 검도, 꽃꽂이, 무용, 스모, 가부키 등 전통적으로 내려오는 업종에는 그 업을 대표하는 사람의 같은 이름이 대대로 사용됩니다. 스모 판에서 주심을 보는 심판관의 이름은 백 년 전이나 지금이나 '키무라 쇼 사부로'입니다. 상점, 음식점, 기업에도 창업자의 이름이 몇 백 년이 지나도록 사용되고 있습니다. 미쓰이, 미츠비시, 스미토모, 모리나가 등이 대표적인 이름입니다.

한국인에게는 '가업'(家業)보다 '혈통'(血統)이 중요한 것 같습니다. 한국인은 씨받이를 해서라도 혈통을 이어가려 하지만, 가업에 대해서는 미련 없이 헌신짝 버리듯 대해 왔습니다. 옛날 상표가 현재까지 남아 있는 경우가 거의 없습니다. 수십 년 동안 우리 귀에 익은 이명래 고약, 조 고약 등도 자취를 감춘 지 오래됩니다. 참 안타깝습니다.

일본인에게는 '전통산업'이라는 '첨단산업'이 있습니다. 전통산업이 그대로 첨단산업이 되어 버린 대표적인 기업이 '쿄 세라'입니다. '쿄 세라'는 원래 도자기를 만드는 '전통산업체'였지만, 신소재 '뉴 세라믹'을 개발하여 '첨단산업체'가 되었습니다. 보통 도자기는 2천도

미만에서 구워 내지만, '뉴 세라믹'은 결정 온도가 4천도가 넘습니다. 자동차 엔진을 이것으로 만들면 냉각수를 넣고 다니지 않아도 엔진이 달아오르는 일이 없는 소재입니다. 인공위성, 우주비행, 스페이스 셔틀의 우주선이 대기권에 들어설 때 엄청난 마찰이 생기는데, 다른 소재들은 모두 녹아 버리고 맙니다. 마치 별똥별처럼 붉은 빛을 내고 사라지고 마는 것이죠. 그러한 고열을 견뎌 내는 소재가 '뉴 세라믹'입니다. 오늘날 지구촌 우주항공 산업의 신소재를 일본 기업이 쥐고 있습니다.

일본인에게는 '낳는 어머니'의 기질인 창조성보다 '기르는 어머니'의 기질인 응용성이 훨씬 많은 것 같습니다. 조총은 포르투갈이 낳았는데, 삼단편성 일제사격 기술을 세계 최초로 고안하여 조총이 싸움터에서 위력을 발휘할 수 있게 한 것은 일본입니다. 녹음기, VTR은 미국이 낳았는데, 그것을 작게 만들어 소비자의 환심을 산 것은 일본입니다. 집채만 한 큰 것을 만들어 놓고 방송국에서만 쓰던 방송용 장비도 일본이 민수품으로 개발하여 안방용과 개인 휴대용을 세계 최초로 만들어 냈습니다. 미국인이 산업용이나 군수용으로 개발해 놓으면, 일본인은 상업화 기술을 개발하여 상업용이나 민수용으로 응용해 버립니다. 이렇게 하여 한때 일본 기업은 세계 시장의 90퍼센트를 지배하는 기린아로 자라났던 것입니다.

지금은 형편이 많이 달라졌죠. 한국 기업이 선비정신인 법고창신의 유전인자를 발휘하여 지구촌에 두각을 나타내기 시작했습니다. 스포츠에서 배구는 유독 팀워크로만 이루어질 수 있는 게임입니다. 올림픽 대회에서는 키가 큰 서구 국가들이 우승을 독점해 왔었는데요. 일본은 세계 최초로 시간차 공격 기술을 개발하여 1964년 도쿄 올림픽에서 키가 작은 동양인으로서는 처음으로 우승을 쟁취했습니다. 인벤션(invention, 발명)은 미국인이 잘하는데, 이노베이션(innovation, 개혁)은 일본인이 잘한다고 합니다. 발명은 개인의 산물이고, 개혁은 팀워크의 산물입니다. 인벤션은 개인주의 문화의 산물이고, 이노베이션은 집단주의 문화의 산물입니다. 한국인은 개인주의가 강한데, 일본인은 집단주의가 강합니다. 오늘날 지구촌에서 정부와 일체감이 가장 높은 국민이 일본인이라고 합니다.

한국은 조선왕조 때부터 적자(嫡子) 제도의 나라였습니다. 때문에 자질이나 실력에 상관없이 적자라야 마땅한 상속을 받았습니다. 일본은 '에도막부' 시대 때부터 양자 제도가 발달되었습니다. 일본은 혈통보다 자질과 실력이 우선되어 온 것입니다. 일본은 데릴사위 제도가 발달된 나라입니다. 아들은 부모가 선택할 수 없으나, 사위는 마음대로 고를 수 있기 때문이지요. 한국은 혈연주의이고, 일본은 꿩 잡는 매가 중심이 되는 실용주의입니다.

일본에는 미쓰이를 비롯하여 300여 년이 넘는 기업 역사를 자랑하는 대기업, 중견기업, 소기업이 수두룩합니다. 200년 이상 된 기업 수가 3,200여 개로, 세계의 56.3%를 점하여 지구촌 1위입니다. 장수기업 수 세계 2위는 독일입니다. 독일 800여 개(15%), 네덜란드 200여 개(4%), 프랑스 190여 개(3.5%)에 비교해 보면 월등히 많은 기업이 장수하고 있는 곳이 일본입니다. 일본은 100년 이상 된 기업만 해도 5만 개를 넘습니다. 지구촌에 1,000년 이상 된 기업이 7개 존재하는데, 모두 일본에 있습니다. 필자 나름대로 일본이 동양국가 중에서 근대에 가장 먼저 세계 일류가 될 수 있었던 5대 요소를 꼽아 보면 다음과 같습니다.

① 일등 정신(日本第一主義)

일본에서는 예로부터 300여 개의 번이 상호 경쟁하는 지역 봉건주의가 있었습니다. 300여 개의 번이 합종연횡해서 66개의 토호 영주국가를 형성했고, 전국시대의 오다 노부나가가 이들을 통일하여 처음으로 일본 열도가 하나의 국가를 형성하게 되었습니다. 그렇기 때문에 일본인은 무엇을 하든, 또 어떤 분야의 일을 하든 일본 전국에서 1위가 되는 것을 가장 선망했습니다. 일본에서는 세계 1위라는 간판이나 슬로건을 찾아보기 힘들지만, '닛본이찌'(일본에서 일등)라는 간판이나 슬로건은 여기저기서 쉽게 볼 수 있습니다. 일본인은 실제로 '닛본이찌'가 되는 것을 가장 자랑스러워합니다.

② 장인 정신(職人第一主義)

일본의 절에 가보면 "농부가 농사짓는 것이 바로 보살행위다."라는 말이 회자되고 있습니다. 불교 교리도 일본식으로 개조되어 있는 것입니다. 농부가 농사를 짓는 것이 보살행위이듯이, 공인은 제품을 만드는 것이 보살행위이고, 상인은 장사를 하는 것이 보살행위인 것입니다. 장인 정신이란 자신의 직업을 가장 존중하고 계속 지켜 나가면서, 그 분야에서 최고가 되기 위해 끊임없이 노력하는 자세를 말합니다. 장인 정신의 핵심은 직업 정신과 책임 정신입니다.

③ 닌자 정신(정보第一主義)

일본은 '카마쿠라 막부' 시대 때부터 남의 정보를 염탐해서 파는 것을 업으로 하는 특수 집단이 있었습니다. 이들을 가리켜 '닌자'라고 불렀습니다. '닌자'는 모든 일을 비밀로 수행해야 하기 때문에 남이 못 하는 특수 재능을 가진 자로서, 몸이 민첩하고 무술에 뛰어난 사람들이었습니다. 근대화 이후에는 정보 체질을 가진 자로서 일본을 위하여 산업 스파이 활동을 하며 최신 첨단정보 쟁취를 전문적으로 취급하는 사람을 '닌자 정신'을 가진 사람이라고 지칭합니다.

④ 개선 정신(改善第一主義)

일본은 한 사람이 필요로 하는 물건이라도 만들어 주는 소량 다품종 공장을 가진 나라입니다. 미국이 세계 최초로 대량생산 체제를 도입하여 상품의 공급을 확대시키고 소비가 미덕이 되는 사회를 만들어 냈지만, 소량 다품종 생산 시스템을 세계 최초로 고안해 낸 것은 일본인입니다. 특히 일본식 '카이젠(改善) 방식'의 도입은 생산공정의 효율화와 품질개선을 꾀해 생산성을 최고로 높이고, 좋은 품질을 민들이 일본 제품이 세계 시장을 제패하는 결과를 낳았습니다. 토요타의 'JUST IN TIME' 부품 공급 시스템이나, 생산 라인에서 불량품이 발견되면 즉시 공장 전체를 정지시키는 '비상 끈' 제도의 고안 등은 세계적으로 알려져 있는 개선 사례입니다. 반도체 생산 공정의 승부는 먼지를 어떻게 이기느냐 하는 것에서 결판이 나는 사업이죠. 1미크론의 먼지가 회로에 떨어지면 고속도로에 바위 덩어리가 굴러 떨어진 것과 같은 비상 사태가 발생합니다. 반도체 생산의 에러(error)를 없애기 위하여 먼지를 완전히 제거한 클린 룸은 일본이 세계 최초로 만들었습니다.

⑤ 조화 정신(調和第一主義)

조화의 정신은 일본인의 핵심 사상입니다. 일본은 특별하게 뛰어난 개인을 육성시키지 못한다는 비판을 받고 있습니다. 하지만 조직의 팀워크, 네트워크로 이루어지는 전체적 생산성과 경쟁력은 타국의 추종을 불허한다는 평가를 받고 있는데, 그것은 이러한 조화 정신에서 기인하는 것입니다. 이러한 조화 정신 때문에 일본에서는 소비자와 생산자의 벽이 거의 없을 정도로 생산자가 소비자를 편하게 해줍니다.

'차도(茶道)'를 보면, 주인과 차를 마시는 손님 사이에 주객일체의 공간이 마련되어 있어서, 차를 준비하는 과정을 전부 보여 줍니다. 일본의 전통요리인 '사시미' '스시' '덴뿌라' '스키야키'를 보면, 전부 손님이 보는 앞에서 요리를 합니다. 손님이 볼 수 없는 밀실 조리장(부엌)에서 만들어 내오는 요리는 거의 없습니다. 일본의 전통무용인 '가부키'를 보면 주인공은 언제나 무대가 아닌 관객석의 '하나미치'(花道)를 통해서 등장합니다. 일본 기업의 직장에서는 구성원의 로테이션 제도가 주축을 이루고 있습니다. 직원과 직원 사이, 생산직과 관리직 사이, 연구직과 사무직 사이, 판매직과 마케팅 직 사이에 정기적으로 자리바꿈을 하는 직무 유연성이 기업에 정착되어 있는 것이죠.

일본인은 사람과 사람, 사람과 자연, 사람과 무생물의 관계도 상호 인정하는 풍속이 있는데요. 이런 사상은 일본의 토속종교인 '신도(神道)' 속에서 강조되고 있기 때문입니다. 세상의 삼라만상이 서로 상관관계를 갖고 움직인다는 이치를 설파한 싯다르타의 설교에 이런 말이 있습니다.

"네가 있으면 내가 있고 내가 있으면 네가 있고, 네가 없으면 내가 없고 내가 없으면 네가 없는 것이 세상이치다. 아는 것만으로는 진리가 아니다. 알면 행동으로 옮겨라. 그것이 곧 진리다."

이러한 싯다르타의 설교 내용을 일본인 토속종교인 '신도' 속에 수용하여 일본인의 지업관에 심어 두었습니다. 오늘날 한국은 지금 여러 분야에서 세계 일류 상품을 생산하고 있습니다. 이런 추세를 오랫동안 지속시키기 위해 우리는 세계 일류 상품을 늘여 가야 합니다. 그러기 위해서 우리는 무엇을 어떻게 해야 할까요? 한국인이 가지고 있는 장점과 강점은 무엇일까요? 한국인이 기려야 할 우리의 국민 정신은 무엇일까요?

역할 지향적 기업교육

필자는 일본에서 근무할 때 공건(孔健)이라는 중국인을 동경에서 만난 일이 있습니다. 그는 자기를 공자(孔子)의 제75대 직계 손이라고 소개했습니다. 1958년 5월 생으로, 중국의 산동 대학을 졸업하고 1982년에 일본의 상지 대학원에 유학하여 석사과정 수료 후 박사과정을 밟고 있는 중이라고 했습니다(제가 그를 만난 것은 1985년 9월이었습니다).

이 사람 말에 의하면 공자가 황제로부터 이름을 받을 때 공자 자신의 이름은 물론 자손의 이름까지 한꺼번에 지어서 받았다는데, 110대 자손의 이름까지 이미 지어져 있으며, 110대가 지나는 데 약 3천 3백 년이 걸리고, 111대부터는 다시 공자(본명 : 공부)의 이름부터 시작한다고 합니다. 110대가 3천 3백 년이니까, 대강 1대가 약 30년 정도 되는 것이지요.

공자의 중심사상은 한 마디로 '인(仁)'에 있다고 할 것입니다. 어질 '인'자를 살펴보면, 사람 人 변에 두 二자입니다. 사람이 둘이 만

166

나면 제일 먼저 '어짊'이라는 인류애를 가져야 한다는 뜻입니다. 중국의 역사는 황제의 역사로서, 백성들은 제3자가 정해 준 것에 복종하는 시대가 4천 년이나 계속되었습니다. 우리나라의 역사는 왕이 마음대로 독단하고, 왕이 모든 것을 정해 주는 시대는 없었다고 할 수 있습니다. 삼국시대 이후부터는 오히려 왕과 신려가 서로 견제하고 협업하여 정치를 해왔다고 할 수 있습니다. 조선왕조 때에는 왕이 가진 왕권보다 신하가 가진 신권이 오히려 우위에 있었습니다. 오죽하면 중국에서 온 사신이 임금에게 "이것은 조정에서 합의된 것이오?" 하고 되물었겠습니까?

중국은 옛날에는 권력을 쥐고 있는 황제가 백성에게 모든 것을 정해 주었는데요. 오늘날에는 권력을 쥐고 있는 공산당이 인민에게 모든 것을 정해 주고 있습니다. 근대화된 지구촌에서 아직까지도 제3자가 정해 준 것에 복종하는 전근대 시대를 살아가고 있다고 할 수 있습니다. 그러나 지구촌 대부분의 지역에서는 황제가 모든 것을 정해 주던 시대는 역사 속으로 사라졌습니다. 지금은 '너와 나의 시대', '사람과 사람의 시대', '우리 모두의 시대'로 접어들었습니다. 사람과 사람들이 '어짊'으로 연결될 때 비로소 사람다운 사람이 될 수 있다는 공자 사상이 바야흐로 새순처럼 다시 살아나고 있는 것입니다. 황제에서 스탈린, 히틀러, 모택동, 김일성, 카스트로, 무바라크, 김정일에 이르는 개인 숭배가 없어지면, 결국 남는 것은 사람과 사람의 관계가 됩니다. 사람과 사람의 관계에서 가장 중요한 것은 '예의'입니다. 개인 숭배에서는 숭배의 대상에게 모든 것이 집중되지만, 개인과 개인과의 관계만 남을 때는 이러한 관계를 지속시켜 줄 수 있는 믿음과 의로움(信義)이 필요하고, 신의(信義)의 수단이 바로 '예의'인 것입니다.

공자는 사람이 태어나면 누구나 다 '인(仁)'을 몸에 담고 있다고 말했습니다. 다만 사람 몸에 담긴 '인'이 크게 성장하느냐, 아니면 작게 축소되느냐는 교육에 달려 있다는 것입니다. 그만큼 사람을 사람답게 살아가게 하는 데는 교육이 근본이라는 말이지요. 기업은 공동 가치를 창조하는 집단입니다. 기업의 가장 큰 목적은 공동 가치를 창조하는 것입니다. 이윤 추구는 공동 가치를 창조하기 위해 필요한 수단입니다. 기업은 더불어 사는 곳입니다. 팀워크는 매우 중요합니다. 보다 적게 일하고 보다 많이 놀려는 마음가짐을 가질 수 없는 곳이 기업입니다.

현재 우리나라에는 300여 만 개의 사업체가 있는데, 80%가 1970년 이후에 탄생했습니다. 기업 수명이 50년 이상 된 기업 수가 손으로 꼽을 정도밖에 안 됩니다. 우리나라 근로자의 평균 근속기간은 4년 정도입니다. 미국은 8년, 일본은 16년입니다. 일본에서는 골프장 캐디의 근속기간이 20년 이상 되는 사람이 많고, 데이코꾸 호텔의 레스토랑 웨이트리스 근속기간이 30년이 넘는 사람도 있습니다. 종업원이 회사에 출근해서 일을 시작하는 데 걸리는 시간을 비교 분석한 자료를 보면, 일본은 2분 걸리고, 독일은 5분, 미국은 13분이 걸리는데, 한국은 33분이 걸린다고 합니다. 일본이 명품 인간이라면 독일은 정품 인간이고, 미국은 짝퉁 인간이며 한국은 불량품 인간임이 입증되는 통계라고 할 수 있습니다.

일본 기업, 독일 기업의 조직 구성원이 명품과 정품이 되는 이유로 2가지 특징을 들 수 있습니다. 하나는 장인 정신입니다. 앞에서 언급한 것처럼 이것은 직업 정신, 직업 의식을 뜻합니다. 독일인과 일본인은 자기의 역할이 다른 사람에게 도움이 되는 역할인지 아닌지, 자신의 역할이 다른 사람에게 폐가 되는 역할인지 아닌지에 관심이 매우 큽니다. 뿐만 아니라 자신의 역할이 최고, 최선을 지향하고 있는지 아닌지, 정성, 성의가 들어가 있는지 아닌지에 부단한 관심을 가지고 있습니다.

또 하나는 장기 근속입니다. 이것은 일에 대한 방향을 정하면 한 우물을 계속 파야 한다는 의식의 산물이기도 합니다. 일본과 독일의 교육은 사람들에게 무엇(직책)이 되라고 하기보다는, 어떤 일(역할)을 할 수 있는 사람이 되라고 강조합니다. '지위 지향적' 교육이 아니라 '역할 지향적' 교육을 시키는 것이죠. 우리나라에서는 부모나 교사, 선배가 자녀나 학생 또는 후배들에게 '무엇이 되라'는 얘기를 줄기차게 하고 있는 반면, 일본이나 독일에서는 무엇이 되라는 말보다 '무엇을 할 줄 아는 사람이 되라'고 강조하고 있는 것입니다.

무언가 할 줄도 모르면서 지위가 올라가는 것만을 탐하는 사람들을 '아마추어'라고 합니다. 지위에 상관하지 않고 무엇을 할 줄 아는 사람들을 '프로페셔널'이라고 합니다. '아마추어리즘'보다 '프로페셔널리즘'을 중시하는 교육이 집중적으로 이루어지고 있는 것입니다. 기업은 한 마디로 사람입니다. 제품을 만들기 전에 먼저 사람을 만들어야 합니다. 사람다운 사람이 되지 않았는데, 손끝의 잔재주에 불과한 기능, 기술을 부과한들 본질적인 향상이 될 수 있겠습니까? 여기서 바로 자세와 태도의 중요성이 강조되는 것입니다.

자본주의 3대 요소는 ① 근면 ② 검소 ③ 이윤입니다. 에티켓의 3대 요소는 ① 도덕 ② 정직 ③ 질서입니다. 명품이 되기 위해 우리에게 필요한 것은 ① 인간성 ② 도덕성 ③ 에티켓입니다. 인간성을 인성 또는 품성이라고 일컫기도 합니다. 인간성은 인간미를 유지하는 것입니다. 어린아이가 넘어지면 일으켜 주는 것, 노약자가 넘어지면 도와주는 것, 정이 훈훈하고 따뜻한 마음씨가 느껴지는 것, 남이 잘못하면 그것을 고쳐 주는 것, 올바른 방향으로 사람들을 이

끄는 것 등은 인간미가 있는 사람이 하는 일입니다. 분명히 나쁜 짓을 하는 것을 보고도 아무 말 안 하는 것은 인간미가 없는 짓입니다. 나의 잘못은 남의 잘못이 될 수 있고, 남의 잘못은 나의 잘못이 될 수도 있습니다. 그렇기 때문에 남의 잘못은 반드시 고쳐 줘야 합니다. 이것이 바로 인간성입니다. 서로의 잘못을 덮어 주면 둘이 같이 죽고 맙니다. 필요한 소통을 막아 버리는 것과 같기 때문입니다. 소통이 없으면 더 나아지는 변화가 없으며, 변화가 없으면 움직임(활동)이 없기 때문에 죽을 뿐입니다.

도덕성은 인간이 가질 수 있는 근본 덕목입니다. '선'을 밖으로 실행하는 것이 '덕'이고, 그 덕을 천하에 표현하여 하늘의 뜻에 닿는 것이 '도'입니다. 인간이라면 선이 아니면 행하지 말아야 합니다. 생각, 태도, 행위의 원점은 반드시 선에서 출발해야 합니다. 인터넷으로 수평적 네트워크가 이루어진 디지털 사회에서 선은 아무리 강조해도 부족하고 또 부족합니다.

에티켓은 우리나라 사람들에게 생활의 상징이 되어 온 지 오래됩니다. 지구촌에서 '동방예의지국'의 칭호를 받은 나라는 대한민국뿐입니다. 한국인에게서 예절을 빼버리면 무엇이 남겠습니까? 에티켓은 국제화의 기본입니다. 남과 만날 때의 인간관계나 남과 이익을 나눌 때의 비즈니스 관계에서 반드시 필요한 덕목이기 때문입니다.

에티켓이란 윗사람에 대한 예의에 이어, 다른 사람끼리 모인 장소에서 더욱 소중하게 지켜야 할 행동과 일, 업무와 활동에 관한 것입니다. 운전할 때의 에티켓, 걸어 다닐 때의 에티켓, 식사할 때의 에티켓, 대화할 때의 에티켓, 스포츠 할 때의 에티켓 등이 반드시 필요합니다.

일본인은 에티켓을 잘 지키는 사람들입니다. 그러한 일본인에게 에티켓을 가르쳐 준 사람은 우리 한국인이었습니다. 임진왜란 때 잡혀간 조선왕조의 선비들은 일본인에게 '조선실천성리학'을 가르쳤고, 일본 '에도 막부'의 최고 권력자였던 도쿠가와 이에야스는 '조선실천성리학'을 '에도 막부'의 관학으로 받아들여 통치 철학으로 삼았습니다. 대한민국은 에티켓의 원조 국가입니다. 한민족은 원래 에티켓을 처음으로 만든 동방예의지국 사람들입니다. 일본말에 '쿠다라 나이(くだらない)'라는 말이 있습니다. '시시하다', '형편없다'는 뜻으로 자주 쓰는 말입니다. '쿠다라'는 백제를 뜻합니다. 원래 '쿠다라'는 '큰 나라'라는 말이 변형된 단어입니다. '나이'는 '없다'라는 뜻입니다. 고대사회에서 일본은 백제를 '큰 나라'로 불렀습니다. '쿠다라 나이'는 의역하면 '큰 나라에 없다'라는 뜻이고, '큰 나라(백제)에 없는 물건은 시시한 물건이다.'라는 의미를 가지고 있습니다. 그래서 일본인이 '시시하다'고 말하는 것은 '한국에 없는 것은 다 시시하다.'라는 뜻이 되는 것입니다.

천여 년 전 일본말은 한국의 예사말이었습니다. 일본의 문자인 '가타가나'와 '히라가나'는 한국의 이두문자에서 따온 것입니다. 도쿄 대 인류학자 하니와라 가즈로 교수는 일본 고대국가 형성기인 7세기에 일본 원주민(죠몬인의 자손)과 이주민(주로 한반도에서 건너간)의 인구 구성비가 1대 8.6에 달할 만큼 이주민이 압도적이었다고 추정했습니다. 그래서 세계적인 문화인류학자 제러드 다이몬드는 "일본인의 뿌리는 한국인"이라고 단언하기도 했던 것입니다. 1300여 년 전에 한반도에서 건너간 이주민들은 한국과 비슷한 문화적 배경을 가지고 출발했지만, 이후 전혀 다른 역사 발전이 길을 걸은 것입니다.

일본 사회의 저변을 흐르는 보편적 심성은 일본의 토양과 환경에서 살아남기 위해 생성된 결과물이라고 보아야 할 것입니다. 일본은 지진, 해일, 태풍, 화산 등 혹독한 자연재해와 섬나라라는 지형적 특성 때문에, 서로 뭉치지 않으면 생존할 수 없다는 집단의식이 강화된 민족으로 성장, 발전했습니다. 일본인에게는 생존을 앞세우는 현실적 실용가치가 보편적 진리보다 우세할 수밖에 없었던 것입니다. 이러한 일본인의 생활관은 도덕적 선악보다 '집단의 이해'를 우선하고, 근본적 진리보다 '현세적 이익'에 천착하며, 우리나라 사람들이 좋아하는 '자연미'보다 고도의 형식적 '예술미'를 추구하는 특징을 만들어 내었습니다. 일본인(원주민+이주민)은 자신들의 토양, 환경, 지형에 적합한 새로운 문화의 뿌리를 만들어 갔던 것입니다.

오늘날 일본 문화의 뿌리는 '신도(神道)'에서 만나 볼 수 있습니다. 인구의 95%가 인생의 고비마다 '신사(神社)'를 찾는 나라가 일본입니다. 전국에 8만 5천 개가 넘는 신사가 일본인의 정신생활을 지배하고 있습니다. 일본 문화의 밑바닥을 흐르는 신도는 다분히 주술적인 원시 토착종교에 기초를 두고 있습니다. 한반도에서 흘러 들어간 도교, 불교, 유교 등의 외래 신앙에 제압 당하기보다, 오히려 일본인은 외래 종교를 자기들의 토착 신앙인 신도를 장식하는 도구로 이용하여 자기들에게 맞춰 적절하게 변화시키는 위력을 보였습니다. 도교와 유교의 본질은 신도의 정신의식에 그대로 녹아 들었고, 불교는 신도의 장례 절차를 대행하는 비즈니스로 변했습니다. 기독교와 이슬람교는 유독 일본에서만은 제대로 운신조차 못 하고 엉거주춤 기대고 있는 형국입니다. 그만큼 일본을 하나로 묶는 신도의 괴력은 일본식 천황제도와 어울려 일본인의 혼을 완전히 사로잡고 있는 것이지요. 오늘날에도 일본인은 집단의식이 아주 강력합니다. 필자는 일본인의 강력한 집단의식은 신도라는 국민 종교에서 나오는 단합된 에너지에 그 뿌리가 있다고 생각합니다.

매우 급할 때 외치는 소리는 국가마다 조금씩 다릅니다. 미국인과 대부분의 서구인들은 "Help Me!"라고 외칩니다. 이 말은 "나를 살려 달라."입니다. 내가 죽으니 나를 살려 달라고 '나'를 외칩니다. 너도 아니고 우리도 아닙니다. 살려 달라고 하는 주체는 개인인 '나'입니다. 일본인은 "다스케테 구레!"(たすけて くれ)라고 외칩니다. 이 말은 그냥 "살려 줘."라는 의미입니다. '나'가 빠져 있습니다. 그냥 모두 살려 달라는 말입니다. 살려 달라고 하는 주체는 '집단'입니다. 이와는 달리 한국인은 "사람 살려." 하고 외칩니다. 이 말은 나를 살려 달라는 말이 아닙니다. 우리 모두를 살려 달라는 말도 아닙니다. 죽는 순간에도 그냥 '사람'을 내 세우는 것입니다. 살려 달라고 하는 주체는 '나'도 '집단'도 아닙니다. 그저 '사람'이라는 생명체를 내세울 뿐입니다. 한국인은 그만큼 인간의 생명을 매우 소중하게 생각하고 있는 것입니다.

인류 역사에는 3번에 걸쳐서 문명화 혁명이 일어났습니다. 1차는 농업화 혁명입니다. 농업화 혁명 시대에는 자연을 모델로 하는 지식, 기술이 지배했습니다. 2차는 산업화 혁명입니다. 산업화 혁명 시대에는 기계를 모델로 하는 지식, 기술이 지배했습니다. 3차는 정보화 혁명입니다. 정보화 혁명 시대에는 인간을 모델로 하는 지식, 기술이 지배했습니다. 4차는 창조화 혁명입니다. 지금은 정보화 혁명 시대가 지나가면서 제4차 창조화 혁명 시대로 진입하는 새로운 혁명기에 들어서 있습니다. 창조화 혁명 시대에는 인간의 두뇌뿐만 아니라 인간의 마음과 정신을 터득하고 그것을 교환하는 교류 기술이 매우 중요합니다.

대한민국의 역사적 건국이념은 '홍익인간'입니다. '홍익인간'이라는 염원은 우리 국민의 한결 같은 뜻이며, 오늘날 지구촌의 인류에게 필요한 지구적 가치입니다. 역할 지향적 기업교육이 지향해야 할 가치는 홍익인간 형 인재를 만들어 내는 것입니다. 한국인은 지구촌을 위해 홍익인간 형 인재를 많이 배출해야 할 때입니다.

도덕과 선비 리더십

'자본주의'와 '시장의 보이지 않는 손'은 불가분의 관계일 것입니다. 시장의 보이지 않는 손을 믿을 것인가, 아니면 정부의 통제를 믿을 것인가는 오늘날 경제학자들도 결론 내리지 못하고 있습니다. 제 생각에는 아무래도 그 부분은 '공존의 묘미'를 보여 줘야 하지 않을까 생각됩니다. 어쨌든 자본주의 하면 우리는 애덤 스미스를 먼저 떠올립니다. 그가 쓴 『국부론』이 자본주의의 성서로 떠받들어졌기 때문입니다. 『국부론』은 1776년에 출간되었습니다. 애덤 스미스는 우리에게 경제학자로 기억되고 있지만, 실상 그는 도덕 철학자였습니다. 그는 한때 성직자가 되려고도 했다고 술회한 적이 있습니다. 애덤 스미스는 『국부론』을 출간하기 훨씬 전인 1759년에 『도덕 감정론』을 냈습니다. 애덤 스미스를 연구하는 전문가들은 『도덕 감정론』을 먼저 이해하지 않으면 『국부론』을 이해할 수 없다고까지 말합니다.

흑인 최초로 미국 대통령에 당선된 버락 오바마는 『도덕 감정론』을 가장 중요한 책 중의 하나로 꼽으며 항상 옆에 두고 있다고 합니다. 시장 지상주의자들은 『국부론』을 인류 지성사의 가장 위대한 업적 중 하나라고 깃발처럼 흔들며 '자본주의', '시장 자유주의', '신 자유주의'의 주춧돌로 활용해 왔습니다. 우리는 '자본주의'를 이해하기 위해서는 『국부론』보다 『도덕 감정론』을 먼저 읽어야 할 것입니다. 애덤 스미스의 『국부론』이 인류 사회에 확장 보급된 큰 이유는 인간의 자유의사를 존중하고 풍요로운 삶을 지향했기 때문일 것입니다. 그렇게 되기 위해서는 좌파 우파를 떠나서 시장이 가져다 주는 보이지 않는 손에 의해 인류의 평등이 실현될 수 있다고 그는 주장했습니다.

게다가 "정부는 교육과 인프라 제공의 의무를 성실히 실행해야 하며, 상업 세력이 사회에 미칠 수 있는 해악에 대해서 항상 경계의 태세를 늦추지 않아야 된다."라고 그는 주장했습니다. 이러한 그의 주장은 실상 그의 도덕적 철학에 바탕을 두고 있습니다. 그는 '양심'과 '도덕'이 전제되지 않으면 자본주의는 균형을 잃어버릴 수도 있다는 것을 강조했습니다. 인간은 누구나 이기심을 가지고 있지만, 또 인간은 누구나 도덕적 판단을 할 수 있는 양심을 가지고 있습니다. 양심을 저버리고는 인간은 '자본주의'를 영위할 수 없는 것입니다.

2008년 미국 뉴욕의 월가에서 발발한 금융 위기와 세계 경제를 무너뜨린 주범은 양심의 상실과 금융산업 리더들의 도덕적 타락에 그 원인이 있습니다. 예나 지금이나 노동은 국부의 원천입니다. 국부의 원천은 금, 은, 동을 비롯한 지하자원이 아니라, 그 나라 국민의 노동입니다. 육체적 노동과 정신적 노동이 모두 인간의 노동입니다. 그렇기 때문에 노동의 질은 중요하며, 노동의 질을 높이기 위해서는 양질의 교육이 무엇보다 필요합니다.

교육을 담당하는 교사와 교수의 질은 곧 교육의 질입니다. 낮은 수준의 교육의 질은 낮은 수준의 노동의 질을 생산합니다. 높은 수준의 교육의 질이 생산되지 않으면 우리는 양질의 노동을 가질 수 없습니다. 양질이 교육과 양질이 노동을 가지는 것은 금은보화를 가지는 것보다 몇 천 배나 중요합니다.

노동의 질은 '몸 노동의 질'과 '뇌 노동의 질'로 구분할 수 있습니다. 몸 노동의 질은 지식, 기술에 의해 좌우되지만, 뇌 노동의 질은 양심, 도덕에 의해 좌우됩니다. IT산업이 주도하는 오늘날 우리 사회는 뇌 노동의 질을 요구하는 노동 분야가 점점 더 많아지고 있습니다. 아주 높은 수준의 뇌 노동의 질을 우리 사회는 요구하고 있습니다. 우리 사회가 요구하고 있는 높은 수준의 뇌 노동의 질을 공급하기 위해서 우리는 양심과 도덕에 관한 교육을 실시해야 합니다. 선비사상, 선비정신 교육이 하나의 대안이 될 수 있다고 생각합니다. 선비는 도덕적 삶을 사회에 실현시키기 위해 앞장서는 리더를 말합니다. 선비는 행동하는 지식인, 교양인, 모범인을 말합니다. 선비는 공동 선을 창조하는 공동체의 엘리트를 말합니다. 선비는 명품 인재의 대표 브랜드입니다. 지금부터라도 우리는 '선비 리더십'으로 무장해야 하겠습니다.

CEO의 역사의식과 한, 중, 일의 새 시대

1800년 정조대왕 사후 한반도는 변화의 소용돌이 속에서 엄청난 시련과 고난의 세월을 보냈습니다. 한반도는 1800년부터 시작하여 앞으로 우리가 맞이할 2100년까지, 300년은 서방, 동방의 역사와 관련시켜 생각해 볼 수 있습니다. 첫 번째 100년은 동 서방이 부닥치면서 서막을 열었습니다. 서방이 물결이 동방으로 밀려오기 시작했습니다. 가장 먼저 상륙한 것이 서학(西學)이라는 정신적 영향이었습니다. 두 번째 100년은 그 부닥침이 최고봉에 이르렀습니다. 동, 서방이 서로 섞이는 시기였습니다. 특히 물질적 영향은 쓰나미 현상으로 무자비하게 한반도, 일본 열도, 중국 대륙에 상륙했고, 정신적 영향은 더욱 커졌습니다.

하지만 세 번째 100년은 동, 서방의 흐름의 방향이 달라질 것으로 생각합니다. 상호 반대 흐름으로 변형되어 섞이게 될 것으로 생각합니다. 물질적 측면에서는 서세동진의 형세가 동세서진의 형세로 바뀌는 형국을 벌써 취했습니다. 이미 한국, 일본, 중국, 아세안을 비롯한 아시아 국가들의 물질이 서구에 대량으로 공급되기 시작했습니다. 한편 정신적 측면에서도 같은 방향으로 동세서진의 형세가 시작되었습니다. 특히 외부적인 부분보다는 내부적인 부분에서 강력한 정신적 믹스(mix)를 통하여 동서는 새로운 화합의 모양새를 갖추어 갈 것이라고 생각합니다. 이미 한국철학, 일본철학, 중국철학 등이 서구에 진입하기 시작했습니다. 고급 문화뿐만 아니라 K-pop등으로 대표되는 대중문화 쪽에서의 동세서진 트렌드는 엄청난 박력으로 진행되고 있습니다.

필자는 인류의 발전에 부합되는 신정신, 신문화, 신문명을 꾸려나가는 데 있어서 지구촌에 보편적 가치로 전파될 수 있는 것으로서 '선비사상'을 내놓을 수 있다고 생각합니다. 지구촌은 글로벌화의 시대에 놓여 있습니다. 지금은 글로벌적 일체성이 강조되고 있는 시대입니다. 그렇지만 각 나라, 각 민족의 개체성, 정체성, 전통성은 그대로 유지되어야 한다고 생각합니다. '선비사상'이 가지고 있는 법고창신 정신은 글로벌화와 개별성을 조화시켜 줄 수 있습니다. 동아시아의 국가들은 그동안 자국의 성장과 발전에만 관심이 집중되었습니다. 그러다 보니 미국과 서유럽만 바라보고 왔습니다. 그것이 지난 200 여 년간 동서 믹스의 소용돌이 속에서 정작 바로 이웃들 간에는 상호교류가 부족하게 된 이유였다고 생각합니다. 역사적으로는 가장 교류가 밀접했던 이웃끼리 서로 소원한 관계를 만들었던 것입니다.

교류의 본질은 사람과 사람입니다. 사람과 사람의 교류의 본질은 마음과 마음의 교류입니다.

마음과 마음의 교류의 본질은 정신과 정신의 교류입니다. 정신과 정신의 교류의 본질은 사람들 사이의 진정한 신뢰와 믿음의 교류입니다. 이는 물질적 교역에서는 찾아볼 수 없는 내부적, 심리적 교류이고, 내면적이고 총체적인 믹스를 가져올 수 있는 정신적 교류이며, 영혼의 교류입니다. 물질적 교역은 서로 분쟁을 일으킬 수 있습니다. 실제로 수많은 분쟁이 가로놓여 있습니다. 하지만 정신적 교류는 순수한 믿음과 신뢰로 나타나는 것이기 때문에 화이부동(和而不同)할 수 있고 구동존이(求同存異)할 수 있는 대동사회를 만들어 낼 수 있습니다.

지금까지 동 서방의 믹스는 물질과 물질의 '교역'이었지, 정신과 정신의 '교류'가 아니었습니다. 교류를 하려면 양측이 모두 높은 안목을 가지고, 상호 존중하는 신뢰의 바탕을 쌓아야 하며, 인류 문화에 대한 깊은 소양을 갖추어야 합니다. 지구촌의 모든 사람들이 역사와 인문을 바탕으로 화합하고 편견 없는 마음으로 소통이 이루어져야 합니다. 그에 앞서서 우선 동아시아 국가와 국민들은 이웃

국가들과 먼저 실질적이고 광범위한 '교류'의 물꼬를 트고, 이를 상승적이며 호혜적인 관점에서 심화시켜 나가야 할 것입니다. 특히 이웃사회, 이웃국가의 주류 계층 사이의 교류는 전략적 의미와 상징적 파워(power)가 있습니다. 한국과 일본, 한국과 중국, 일본과 한국, 일본과 중국, 중국과 한국, 중국과 일본의 교류가 바로 그러한 의미를 갖고 있는 것입니다.

동아시아 3국은 서로 잘 아는 것 같고 여러 계층 간 교류도 많은 듯하지만, 대부분의 교류는 형식적인 수준을 넘지 못하고 있습니다. 서로 잘 알고 있다는 착시 현상에서 하루 빨리 벗어나야 할 것입니다. 필자는 같은 세대 사람들의 교류를 강화할 필요가 있다고 생각합니다. 특히 미래를 담당할 10대부터 20대와 30대에 이르는 젊은 세대 사람들의 교류가 필수적이라고 생각합니다. 예를 들면 '동아시아 연합'을 상징하는 교육 프로그램을 운영하는 것도 좋은 방법이 되지 않을까요? 이 교육 프로그램은 '인성교육'과 '역사교육' 프로그램부터 시작하는 것이 순서일 것 같습니다.

3국의 기업이 중심이 되어 CEO들이 앞장서서 이런 분위기 조성에 팔을 걷어붙인다면, 더 빠른 시일 안에 서로 신뢰하는 교류의 환경이 조성되지 않겠습니까? 한국, 일본, 중국은 교육 차원의 교류 기구를 조직해 동, 서방의 문제, 동아시아의 문제, 아세아 태평양 지역의 철학, 역사, 문학, 정치, 경제, 문화 등의 제반 과제를 가지고 상호교류를 시작할 수 있을 것입니다. 서방의 공동체인 유럽연합(EU)은 유럽연맹이 그 바탕이 되었고, 유럽연맹의 발단은 1956년에 만들어진 '석탄철강 공동체'라는 '공동 연구'에서 시작되었습니다. 비록 물질적 대상을 연구하는 공동체이긴 하지만, '공동 연구'라는 정신적 '교류'를 시작한 것입니다. 이는 '교역'이 이루어지기 전에 '교류'를 먼저 시작한 협력 정신의 산물이었습니다. '인성교육'과 '역사교육'에서 시작되는 '공동 연구'를 성공시키기 위해 한국, 일본, 중국의 동아시아 3국은 지구촌 대체 에너지인 '녹색 에너지' 차원의 물질을 대상으로 하는 '공동 연구'를 시작할 수 있다고 생각합니다. '녹색성장'을 한국 정부가 주도적으로 내세웠을 때, 서울에서 열린 G20에 참가한 지구촌 정상들은 모두 박수를 보냈습니다.

이제 지구촌에서 화석 에너지의 시대는 끝이 보이기 시작합니다. 더구나 한국, 일본, 중국은 화석 자원이 부족합니다. 친환경 에너지 분야인 풍력, 조력, 수력, 지열, 태양광, 태양열, 연료전지, 수소 에너지, 바이오 에너지, 재생 에너지, 폐기물 에너지 등 '신 에너지' 분야에서 전략적 합작 연구를 시작할 수 있을 것입니다. 동아시아 3국이 '신 에너지'를 발전시킨다면, 화석 에너지 문제의 해결뿐 아니라 동아시아 지역의 육지와 해양의 생태환경 개선에 많은 기여를 할 수 있을 것입니다. 나아가서 디지털 미디어 분야의 콘텐츠 산업자원을 공동 개발하는 것도 하나의 시작이 될 수 있습니다. 한국, 일본, 중국은 이 분야의 무궁무진한 원천을 보유하고 있습니다.

그동안 동아시아 3국은 본연의 세계관에 대해 사고해 볼 겨를이 없었습니다. 사실 동아시아 3국은 지난 2세기 동안 모든 관심의 초점을 서구적 성장과 서구적 소유에 집중시켜 왔다고 생각합니다. 자신들의 정신적, 내면적 문제는 생각해 볼 겨를이 없었습니다. 하물며 마음과 마음을 연결하는 문제를 누가 생각할 수 있었겠습니까? 동아시아 3국은 같은 마음과 같은 느낌을 가지고 있는 분야가 많습니다. 이런 마음과 이런 느낌이 실질적인 교류로 이어질 수 있도록 노력해야 할 것입니다. 동아시아 3국 본연의 '인의예지효충경신' 사상으로 돌아가기를 강력히 희망합니다.

그러려면 동아시아 3국이 공유하고 있는 '평천하'(平天下)의 개념이 무엇인지 정확하고 분명하게 알아야 할 것입니다. '평천하'는 결코 총칼로 천하를 평정하는 개념이 아닙니다. '평천하'는 선비사상의 핵심 정신으로 인간 사회를 '평안하고 평등하며 평화롭게' 하려는 목적 의식의 최고 가치 개념입니다. 먼저 개인 인격의 독립인 '수신'이 무엇인지 알아야 합니다. 수신의 뿌리 역할을 하는 '격물', '치지', '성의', '정심'을 끝까지 궁구하고 학습해야 합니다. 개인의 인격완성은 조직의 인격완성을 위한 전제조건입니다. 그 다음 '제가'가 무엇인지 알아야 합니다. 섬기고 나누고 베푸는 사회는 내 이웃부터 시작하고, 내가 살고 있는 내 고장, 내 동네부터 시작해야 합니다. 그 다음 '치국'이 무엇인지 알아야 합니다. 지구촌이 국가로 구분 짓고 있는 오늘날 국가 단위의 평안, 평등, 평화는 선결요건입니다. 마지막으로 '평천하'는 지리적인 개념이 아니라 인류적인 개념임을 널리 인식시켜야 합니다. '평천하'는 인류가 살고 있는 세상의 평안, 평등, 평화를 구현하려는 실천의식의 목적 개념이기 때문입니다.

'널리 이롭게 하라'는 홍익인간 철학의 높은 사상이 현실 세계에서 실행될 수 있으려면 무엇보다 '조선실천성리학'이 강조하는 실천 방법을 지구촌에 보급해야 할 것입니다. '평천하'를 지구촌에 구현하려는 '선비사상'이 바로 공동체의 인프라이고, 동아시아를 아우를 수 있는 정신적 잠재 에너지입니다. 동아시아 3국 기업들이 이러한 '평천하'를 목적으로 하는 대동사회 건설에 앞장서야 할 의무를 가지고 있는 것입니다. 한, 중, 일의 단합으로 2100년경에는 '동아시아 공동체'의 결실이 풍요롭게 맺어져서 우리 조상들이 그리던 대동사회가 이루어지지 않을까요?

한국 기업문화의 비밀

한국인에게 가장 뿌리 깊은 국민성은 '풍류 정신'입니다. '풍류 정신'에는 멋, 흥, 정, 한이 어우러져 있습니다. 멋을 모르면 한국인이 아니고, 흥을 모르면 한국인이 아니며, 정을 모르면 한국인이 아니고, 한을 모르면 한국인이 아닙니다. 멋, 흥, 정, 한이 한꺼번에 어우러져서 한 목소리의 울림을 내는 것이 융합이고 풍류입니다. 바로 그것은 한국인이 가지고 있는 '융통성'이고 '풍류 정신'입니다.

융통성과 풍류 정신이 가장 뛰어난 우리나라 전통 물건에 '보자기'가 있습니다. 보자기는 남자나 여자나 모두 즐겨 써왔습니다. 보자기는 융통성과 풍류 정신의 상징입니다. 보자기는 세모, 네모, 마름모, 동그란 물체를 모두 쌀 수 있습니다. 보자기는 깔고, 덮고, 매고, 쥐고, 달고 다닐 수가 있어서 용도가 무궁무진합니다. 보자기는 오랜 세월 학생, 교사들의 책가방으로 애용되어 왔고, 대학에서 교탁 위에 보자기를 풀어 놓고 강의를 시작하는 교수들의 상징물이었습니다. 심지어는 밤중에 도둑이 얼굴에 쓰고 들어와서 나갈 때 물건을 싸가지고 나갈 수 있었던 것도 보자기였습니다. 보자기를 손에 들고 춤을 추면 부드럽고 맛깔스러운 한국 춤이 됩니다. 보자기를 몸에 달면 멋이 되고 패션이 됩니다. 보자기를 어깨로 흔들면 흥이 되고 가락이 됩니다. 보자기를 가득 채우면 정이 되고 섬김이 됩니다. 보자기를 모두 비우면 한이 되고 소망이 됩니다.

생명에 대한 연민은 '한'입니다. 생명을 가진 세상의 모든 것에 대한 연민을 가지고 자신을 비우는 것이 '한'입니다. 인간과 자연의 소리에 귀를 기울이며 내일의 꿈을 그리는 소망이 '한'입니다. 한국 사람은 근원적으로 '한'을 가지고 태어납니다. '한'의 감정은 보복을 내포하는 원한이라는 감정과는 근본적으로 다릅니다. '한'은 못다 해준 데 대한 슬픔이자 미래의 풍요를 향한 간절한 염원입니다. 우리나라 사람의 '한'은 모자람과 슬픔의 '한'이 비극으로 끝나지 않고, 곧바로 풍요와 충만을 염원하는 한 편의 희극으로 승화되어, 여유롭게 희비가 맞물려 교차하는 융합의 광장이 되는 것입니다.

보자기는 스스로 변합니다. 보자기로 포장하면 정성 어린 선물이 됩니다. 보자기로 닦으면 물건이나 상품이 깨끗해집니다. 보자기는 구태여 자신의 체면을 고집하지 않습니다. 보자기는 자신을 희생하여 다른 존재를 살립니다. 보자기는 맨 밑바닥으로 자신을 낮추어서 전체를 포용합니다. 오늘날 우리 사회에서 보자기는 전통음식,

예물용, 혼례용, 가정의 선물 보따리 등으로 명맥을 유지하고 있습니다. 비록 보자기가 우리의 일상생활에서 대부분 자취를 감추었지만, 한국인에게 보자기는 만능 유산으로 남아 있습니다. 급할 때는 어느 집이나 보자기를 사용합니다. 보자기는 모든 가정에 없는 집이 없습니다. 보자기는 모든 가정에서 정성을 담아 드리는 소중한 도구로 사용합니다.

보자기는 모든 기업에서도 소중합니다. 요새는 보자기가 잘 보이지 않지만, '보자기 문화'는 한국 기업이 가지고 있는 무형 문화의 하나라고 생각합니다. 형체가 없기 때문에 외국인이 파악하기 힘든 무형 문화입니다. 보자기 문화는 한국의 기업 문화에서 볼 수 있는 독특한 암묵지(Tacit Knowledge)입니다. 보자기 문화는 한국 기업만이 가지고 있는 오랜 경험에 의해 묵시적으로 몸에 밴 지식과 경험으로서, 한국 기업의 숨어 있는 경쟁력입니다.

한국의 근로자들은 저녁에 집에 빨리 들어가는 대신에 회식을 자주 합니다. 지구촌에서 한국만큼 회식을 자주 하는 사회도 발견하기 힘듭니다. 회식이 끝나면 노래방으로 같이 가서 어깨를 잡고 합창하며 끈끈한 유대감을 확인합니다. 일터에서 못다 한 멋, 홍, 정, 한의 융통성을 회식 장소와 노래방에서 발휘하며 유대감을 쌓는 것입니다. 노래방은 한국인의 멋, 홍, 정, 한을 한꺼번에 융합할 수 있는 화합의 장소입니다.

오늘날 한국의 대표 기업은 '삼성전자'와 '현대자동차'라고 할 수 있겠지요. 두 기업의 공통점은 가족 경영으로 출발하여 성공했다는 점입니다. 가족 경영의 장점은 기업의 암묵지가 잘 전수될 수 있는 점이라고 할 수 있습니다. 매일 아침 식탁에서 아버지로부터 실전 경영을 배우는 것만큼 효과적인 경영 수업은 없을 것입니다. 삼성의 이병철 창업회장은 이건희 회장(삼성전자)을 길러 냈고, 현대의 정주영 창업회장은 정몽구 회장(현대자동차)을 길러 냈습니다. 자식은 아버지로부터 멋, 흥, 정, 한을 아우르는 '보자기' 모델을 배울 수 있었던 것입니다. 한편, 가족 경영의 단점은 투명성 제고를 간과해 버릴 가능성이 높다는 점입니다. 가족 경영이 지속적으로 성공하려면 투명성 제고를 위해 부단히 전문 시스템을 강화시켜야 할 것입니다. 투명성이 확보된다면 경영 성과를 내는 데는 가족 경영도 좋은 대안이 될 수 있다고 생각합니다.

전문 경영인 체제의 미국 기업들이 단기 성과에 집착하는 경향이 매우 강한 반면, 가족 경영을 하는 삼성전자나 현대자동차는 10년, 20년 장기 전략을 짤 수 있었다는 장점을 발견할 수 있습니다. 삼성전자의 특징은 노조가 없는 기업이라는 점입니다. 노조가 없기 때문에 사내투쟁 등에 들어가는 힘과 비용을 허비하지 않는 것이 글로벌 경쟁력을 높인 한 요인이 되었습니다. 뿐만 아니라 삼성의 기업 토양을 만들고 거기에 맞는 인사관리를 확립할 수 있었습니다. 회사와 구성원이 서로 윈-윈 할 수 있는 기업 문화를 만들 수 있었던 것입니다.

현대자동차의 품질 경영과 글로벌 마케팅 사례는 해외시장에서 브랜드 이미지를 높이는 데 크게 기여했습니다. 현대자동차는 미국에서 '10년-10만 마일 품질보증 제도'를 도입했습니다. 핵심 부품의 경우 구입 후 10년 또는 주행거리 10만 마일(16만km)까지는 회사가 완전히 보증해 주는 제도입니다. 1999년에 도입하여 10년 넘게 계속해 오고 있습니다. 경쟁 업체인 일본의 도요타는 5년-6만 마일까지 보증하고, 미국의 GM은 5년-10만 마일 보증제를 실시할 때, 현대는 10년-10만 마일 보증제를 내세운 것입니다. 품질에 확실한 자신을 가지고 있다는 이런 전략은 '현대차'의 글로벌 경쟁력으로 높이 평가되었습니다. 2011년에 '현대차'가 지구촌 빅 5 자동차 메이커 대열에 올라설 수 있게 된 것은 품질 경쟁력을 높인 결과입니다.

한국 기업 문화의 4대 비밀은 멋, 홍, 정, 한이라고 필자는 생각합니다. '멋'은 개별적이고 개인적인 아름다움이고, '홍'은 공동체적 팀과 조직의 아름다움이며, '정'은 조직원이 상호 주고 받는 상호 존중의 아름다움이고, '한'은 공동체가 창조하는 비전과 공동 선의 아름다움입니다. 퇴근 후 회식에서 개별적 '멋'을 내어 소통하고, 식사 후 노래방에서 집단적 '흥'을 내어 유대감을 쌓고, 밥상머리에서 또는 업무현장에서 선후배 간에 '정'을 녹여 경영 수업과 현장 수업을 하고, 단기 성과보다는 미래의 염원인 '한'을 풀어 줄 수 있는 장기 플랜을 세울 수 있는 것이 바로 한국 기업 문화의 비밀인 것입니다.

한번 더 강조하지만, 한국인이 가지는 '한'은 결코 부정적인 이미지가 아닙니다. 한국인에게 '한'이란 강렬한 희망을 담은 긍정적 이미지의 표현이며, 생명과 활동의 원자핵이고, 열정과 집중이 담긴 미래의 비전입니다. 이렇게 볼 때,

한국 기업 문화의 비밀은

첫째로 '보자기'로 대표되는 융통성 문화입니다.

둘째로 '멋, 흥, 정, 한'으로 융합되는 비빔밥 문화입니다.

셋째로 '법고창신'으로 미래 지향적 창조 정신을 실천하는 선비 문화입니다.

이것을 한 마디로 뭉뚱그리면 '풍류 정신'이고 '풍류 문화'입니다.

한국인의 정체성은 멋, 흥, 정, 한으로 표현할 수 있습니다.

선비 문화의 요체도 멋, 흥, 정, 한으로 설명할 수 있습니다.

멋의 문화는 우리 국민의 일상생활에 체득되어 있습니다.

풍류, 풍물, 사물, 소리, 춤사위, 풍자, 해학, 위트 등에서 많이 발견됩니다. 그리고 그것은 우리의 농악, 탈춤, 승무, 한국 춤, 선비 춤, 한옥, 한복, 한식, 한지, 한글 등에 자연스럽게 표출되어 있습니다. 특히 한국인의 모든 멋에는 철학성과 과학성이 깔려 있습니다.

흥의 문화는 멋의 문화가 공동체 단위로 진작되는 현장에 존재합니다.

흥이 일어난다는 것은 신명이 일어난다는 것입니다. 신명이 일어나면 우리 민족은 못 할 일이 없습니다. 생산력이 높고 창조력이 뛰어난 조직은 모두 흥이 넘치는 현장을 소유하고 있습니다. 멋이 개별성, 고유성, 독보성, 독창성에 바탕을 두고 있다면, 흥은 마당에서 함께하며 펼쳐지는 조화성, 집단성, 융합성, 합일성이 바탕에 깔려 있습니다.

정의 문화는 우리 국민이 갖고 있는 독특한 한마음 문화입니다.

나눔, 배려, 섬김, 돌봄, 공경, 여유, 풍요, 협동, 공유, 어울림 등의 정신적 의식에서 많이 발견됩니다. '부조'와 '품앗이' 등은 우리 민족만이 가지고 있는 정의 문화를 대변하는 미풍양속입니다. 우리의 전통생활과 일상생활에서 아직도 사용하는 '보자기', 우리나라 사람들이 먹거리로 좋아하는 '비빔밥' 등에는 이런 정의 문화와 융통성이 그대로 녹아 있습니다.

한의 문화는 우리 국민의 미래 지향성을 표출하는 강력한 메시지입니다.

근면, 검소, 절약, 절제, 헌신, 양육, 교육, 독창, 창의, 창조 등의 진취적 끈기에서 많이 발견됩니다. 우리나라 사람에게 한은 타인을 향한 원망이 아니라 자신을 향한 채찍과 성찰이기 때문입니다. 우리나라 사람에게 한은 원한이나 복수의 개념이 아니라 다짐과 창조의 긍정적 개념입니다. 그렇기 때문에 한은 우리나라 사람에게 세계에서 가장 위대한 교육열을 발휘하게 했으며, 세계에서 두드러진 독창적 예술성을 창조하게 했습니다. 세계적으로 알아 주는 우리이 교육열과 예술성은 우리나라 사람이 가지고 있는 한의 문화에서 빚어진 열매입니다. 한의 문화는 우리 민족의 잠재적 에너지입니다. 자원 빈국인 우리나라는 사람이 유일한 국가 자산입니다.

고조선을 세울 때 단군은 '홍익인간'을 건국 철학으로 삼았습니다. '널리 인류에게 유익한 일을 도모하라.'는 홍익인간 정신은 고구려의 '조의도', 백제의 '수사도', 신라의 '화랑도'와 '풍류도', 고려의 '선비도'를 거쳐 조선의 '선비사상'으로 발전했습니다. 반만년이 흘러도 한국인의 정체성에는 변함없이 '인간 됨'이라는 '선비사상'이 그대로 남아 있습니다.

6.25 한국전쟁으로 고통 받는 대한민국을 방문했을 때, 노벨 문학상 수상 작가인 미국의 펄 벅 여사는 "한국은 고상한 사람들이 살고 있는 보석 같은 나라"라고 표현한 일이 있습니다. 우리나라 사람들은 정말 고상한 사람입니다. 우리나라는 정말 보석 같은 나라입니다. 그것은 우리나라 사람들이 '인간 됨'을 제일로 중시하는 선비정신, 선비사상, 선비주의 전통을 전승하여 우리의 삶을 영위하기 때문입니다. 우리나라 사람에게는 선비정신의 유전인자가 면면히 계승되어 오고 있다고 필자는 생각합니다.

중국은 '정주성리학'의 발상지이지만, 16세기 중엽부터는 '조선실천성리학'에 종주국의 자리를 내주고 말았습니다. 이것은 관념 성리학과 실천 성리학의 차이에서 나온 것입니다. 조선에서 꽃을 피운 '조선실천성리학'은 일본 및 중국으로 다시 수출되었습니다. '조선실천성리학'을 완성시킨 퇴계 이황, 율곡 이이 등은 각각 중국 학자들로부터 '조선의 이부자(李夫子)'와 '해동 공자'라는 칭호로 불렸습니다.

우리나라는 선비의 나라입니다. 선비의 핵심 비전은 ① 어진 삶 ② 바른 사회 ③ 청부의 나라 ④ 아름다운 세상을 건설하는 것입니다. 선비는 자신이 살고 있는 지역뿐만 아니라 지구촌의 인류를 위해 크게 이로움을 주는 일을 도모하는 인물입니다. 오늘날 인류는 지구촌의 생명과 자연을 보호하고 모두가 하나 되는 조화, 통합,

화합, 융합의 세계를 만들어 가야 할 사명과 책임을 지니고 있습니다. 이런 의무를 완수하기 위해 필요한 인류의 '최고선'이며 보편적 '가치'는 바로 '선비사상'입니다. '선비사상'은 대한민국의 독창적이며 독보적인 '전통 문화유산'입니다. 동시에 지구촌 모든 인류가 지향해야 할 삶의 보편적 가치이기도 합니다. 선비정신, 선비사상, 선비주의로 생각하고 말하며 행동하는 문화인을 '선비'라고 말합니다. 선비 리더십을 가진 사람을 선비 리더라고 말합니다. '선비'와 '선비 리더십'을 가진 리더와 구성원은 한국 기업 문화의 비밀입니다.